Klar|text 7

Sprach-Lesebuch Deutsch
Nordrhein-Westfalen

Lösungen zum Schülerband

Anja von Bothmer
Kathleen Fleer
Andrea Heinrichs
Heiko Judith
Rebekka Möller
Jelko Peters
Marina Schmiedel
Astrid Schöpper

westermann

Druck A²/ Jahr 2010
Alle Drucke der Serie A sind im Unterricht parallel verwendbar.

Redaktion: Stefanie Hein, Anne Grimmeißen
Herstellung: Andreas Losse
Umschlaggestaltung: KLA**X**GESTALTUNG, Braunschweig
Satz: KCS GmbH, Buchholz/Hamburg
Druck und Bindung: westermann druck GmbH, Braunschweig

ISBN 978-3-14-**294177**-6

Inhaltsverzeichnis

Unsere Klasse im Netz
(Schülerband: Seite 8 – 17)

Seite 8

1 a) Es handelt sich um eine Seite des schüler.cc, eines „sozialen Netzwerks" im Internet speziell für Schüler, auf denen sich die Schüler – zugeordnet einer Klasse und Schule – persönlich vorstellen können. Zu sehen ist die Pinnwand der Kasse 7c der Karl-Heinz-Meyer Gesamtschule, auf der alle Teilnehmer des schüler.cc Mitteilungen schreiben können.
b) Speziell für Schüler eingerichtet wurden die Netzwerke wie schüler.cc und schülerVZ. Aber viele Schüler verfügen auch über weitere Seiten auf anderen sozialen Netzwerken, die aber eigentlich für Erwachsene erstellt wurden, wie MySpace, Facebook, studiVZ, StayFriends, wer-kennt-wen und Lokalisten. Des Weiteren gibt es zahlreiche sogenannte „Lifestyle Communitys".

2 a) Die Schüler „unterhalten" sich auf ihrer Pinnwand, wie auf dem Schulhof. Die Beiträge sind persönlich, organisatorisch, albern und ernsthaft. Die Gesprächsthemen sind: Der Schulwechsel Bennys von der Realschule zur Hauptschule; Bennys neue Freundin; Stundenplanänderung; Englischvokabeltest; Aufruf zum Popeln; Angst einer Schülerin, den Vokabeltest zu Hause zu zeigen
b) Folgende Teilnehmer kommunizieren miteinander:
Benny loves her mit *Annika G* und *Sunny Bunny; TeE oder CoLa* an alle aus seiner Klasse, er erhält Antworten von *Basti, Annika G, NiNi xD* und *Sunny Bunny; TeE oder CoLa* beendet in gewisser Weise das Gespräch, als er sich abmeldet; *Kaddy loves my schatz* an alle aus seiner Klasse, er erhält eine Antwort von *NiNi xD; Sunny Bunny* an alle, sie erhält eine Antwort von *Kaddy loves my schatz*

Seite 10

2 Jeder, der Zugang zu einem Internetanschluss hat und über eine E-Mail-Adresse verfügt, kann sich von Mitgliedern sowie über entsprechende Seiten auch von Unbekannten einladen lassen. So hat also jeder Zugriff zu den Seiten eines Schülernetzwerks. Bei einigen Seiten genügt es, sich einfach anzumelden.

Seite 12

1 a) + b)
Tinas Frage ist naiv, weil sie von ihrem Chatpartner systematisch ausgefragt wird. Auf der Straße würde sie Unbekannten ja auch nicht alles von sich erzählen. Ronja ist misstrauisch, weil die Fragen des Chatpartners sehr persönlich, privat und verdächtig sind. Der Chatpartner ist anscheinend darauf aus, Tina allein zu treffen, ohne dass noch jemand von ihm und dem Treffen erfährt.

2 a) Gefahren im Chat sind: rüder Ton, Beschimpfungen und Beleidigungen; Terrorisierungen über Handy, Festnetz, E-Mail nach Bekanntgabe der Daten; sexuelle Belästigung und sexueller Missbrauch

Seite 14

1 Die Jungen sprechen über Freundschaft, haben aber unterschiedliche Vorstellungen. Niklas bezieht sich auf seine Freunde im realen Leben, während der andere Junge sich eher auf seine Kontakte im Schülernetzwerk bezieht.

Seite 15–17

1
1. Einige von Svens Fragen scheinen harmlos und normal zu sein, wie die Fragen nach Sarahs Tätigkeiten, andere sind sehr persönlich (Kleidung, Gedanken) und andere sind eindeutig sexuell: bauchfreies T-Shirt, Unterwäsche.
2. Sarah reagiert zunächst so, dass sie die Fragen beantwortet, die ihr nicht zu privat und persönlich erscheinen, zu den anderen schweigt sie. Als Sven die Frage nach ihrer Unterwäsche stellt, hat sie zwar die richtigen Gedanken im Kopf, zieht aber keine Konsequenzen, sondern lässt sich von Sven um den Finger wickeln. Arglos lässt sie sich auf ein Treffen mit Sven ein.
3. Sarah befürchtet, dass Sven sie verführen will und mit ihr schlafen möchte.
4. Sarah wird misstrauischer, weil Sven sich mit dem Mann trifft, der Rebecca belästigt hat. Der Mann gibt Sven Geld und Sven lacht, als die beiden Männer sich unterhalten.
5. Sven spielt den Lockvogel. Er nimmt den Kontakt zu den Mädchen auf, die er dann an den anderen Mann weitervermittelt.
6. Sarah will nicht zur Polizei gehen, weil sie nicht glaubt, dass sie gut um ihr Recht kämpfen kann und weil dann ihre Eltern alles erfahren würden.
7. *möglicher Brief:*
   Liebe Sarah,
   ich verstehe gut, dass du dich in deiner Situation und nach deiner großen Enttäuschung mit Sven am liebsten zurückziehen und die ganze Angelegenheit schnell vergessen möchtest. Trotzdem solltest du die Männer unbedingt anzeigen, denn sie haben eine schwere Straftat begangen, für die sie auch bestraft werden müssen. Sven hat dich im Grunde verkauft und der andere Mann hat ihn dazu beauftragt. Wer weiß, was er alles von dir wollte! Bedenke, dass nur so auch andere Mädchen vor Sven und dem anderen Mann geschützt und weitere Straftaten verhindert werden können. Denn Sven wird es sicher wieder probieren, im Internet Mädchen kennenzulernen.
   Du sagst, dass du nicht gerne um dein Recht kämpfst. Bedenke Sarah, dass du nicht alleine bist, sondern von vielen Menschen Hilfe bekommst. Es gibt für solche Verbrechen besonders ausgebildete Polizisten, die wissen, wie sie dich am besten befragen und beschützen können und die dir auch bei deinen Eltern helfen. Auch wenn die Männer alles abstreiten, wird die Polizei die Spurensuche im Internet und woanders übernehmen. Sie wird zusammen mit einem Anwalt für dein Recht kämpfen. Die Beweise gegen Sven und seinen Auftraggeber sind eindeutig. Denke bitte noch mal über eine Anzeige nach. Es ist wichtig, zum Schutz anderer Mädchen und auch für dich selbst, dass du die Männer anzeigst.

Kummerkasten

(Schülerband: Seite 18–35)

Seite 19

2 a) Zivilcourage → Hamit (12); Markenkleidung → Franziska (12); Computer spielen → Marc (10); Mutproben → Jens (13); Freizeitgestaltung → Melina (13)

Seite 20

1 a) Marcs Eltern finden, dass ihr Sohn zu viel Computer spielt. Er selbst glaubt dies aber nicht. Daher will er die Redaktion fragen, wie sie sein Verhalten einschätzt. Er möchte wissen, ob er oder seine Eltern Recht haben.

b) Begründungen: Über zehn Millionen Menschen spielen das Spiel online. Was so viele machen, das kann doch nicht falsch sein. Außerdem kann man beim Spielen in eine ganz andere Welt abtauchen und vom Alltag abschalten. Andere spielen noch viel mehr als er. In seiner Fußballmannschaft macht es ihm keinen Spaß mehr. Wenn er nachmittags oder am Wochenende nichts zu tun hat, dann kann er doch zocken.

c) Folgen: Manchmal kommt er in der Schule nicht mehr richtig mit. Seine Eltern schimpfen immer, weil er nur so wenig rausgeht und sich zu wenig bewegt.

Seite 22

1 *möglicher Antwortbrief:*

Lieber Marc,
du hast uns in deinem Brief gefragt, ob wir der Meinung sind, dass du zu viel Computer spielst. Wir sind der Ansicht, dass du zu viel Zeit mit dem Spielen am PC verbringst.
Du hast in deinem Brief schon angedeutet, dass du deine Freunde vernachlässigst. Wenn du so weitermachst, bist du vielleicht bald allein, da deine Freunde nichts mehr mit dir unternehmen möchten. Das möchtest du nicht, oder?
Zudem ist die fehlende Bewegung ungesund. Deine körperliche Fitness leidet darunter und du kannst übergewichtig werden.
In deinem Brief hast du deine Probleme in der Schule erwähnt. Deine schulischen Leistungen sind enorm wichtig für deine Zukunft. Daher solltest du die Schule nicht wegen eines Computerspiels vernachlässigen.
In eine andere Welt abzutauchen und den Alltag hinter sich zu lassen, kann manchmal sehr angenehm sein, aber du solltest aufpassen, dass du den Bezug zur Realität nicht verlierst.
Unserer Meinung nach verbringst du zu viel Zeit vor dem Computer. Geh lieber öfters an die frische Luft und triff dich mit deinen Freunden. Das wird dir bestimmt Spaß machen.
Die Redaktion

Seite 24

2 a) Adressat: Jens

b) Problem: Jens fragt sich, ob er beim „Ohnmachtsspiel“ mitmachen soll. Er hat Angst davor, aber er möchte auch zur Clique gehören.
c) Jens will sich Rat holen. Er will wissen, was bei der Mutprobe alles passieren kann, und ob er sich darauf einlassen soll.
d) Sergej rät ihm ab, die Mutprobe zu machen.
e) Argument 1: Das Spiel ist zu gefährlich, weil man dabei ins Koma fallen kann. In der Zeitung stand, dass ein Junge aus Frankfurt lange Zeit im Krankenhaus lag, nachdem das Ohnmachtsspiel mit ihm gemacht worden war. (Z. 4–7)
Argument 2: Wer solche Mutproben von dir fordert, ist nicht gerade ein guter Freund. Wahre Freunde verlangen von dir nicht, dass du dich in Gefahr begibst, nur um bei ihnen anerkannt zu sein. Richtige Freunde wollen, dass es dir gut geht und du gesund bleibst. (Z. 8–12)
f) Gegenargument: Die Freunde empfinden das Spiel als spaßig. Aber der Spaß deiner Freunde geht doch auf Kosten anderer. Dein Freund, mit dem das Spiel schon gemacht worden ist, hatte sicher keinen Spaß dabei. (Z. 13–15)

3 a) Lieber Jens,
in deinem Leserbrief fragst du uns, ob du dich in deiner Clique auf das „Ohnmachtsspiel“ einlassen sollst. Davon wollen wir dir dringend abraten.
Du solltest bei solchen Mutproben, wie sie deine Freunde verlangen, nicht mitmachen. Das „Ohnmachtsspiel“ ist zu gefährlich, weil man dabei ins Koma fallen kann. In der Zeitung stand, dass ein Junge aus Frankfurt lange Zeit im Krankenhaus lag, nachdem das Ohnmachtsspiel mit ihm gemacht worden war.
Außerdem solltest du überlegen, wer da von dir so etwas verlangt. Wer solche Mutproben von dir fordert, ist nicht gerade ein guter Freund. Wahre Freunde verlangen von dir nicht, dass du dich in Gefahr begibst, nur um bei ihnen anerkannt zu sein. Richtige Freunde wollen, dass es dir gut geht und du gesund bleibst.
Du schreibst, dass deine Freunde das Spiel als spaßig empfinden. Aber der Spaß deiner Freunde geht doch auf Kosten anderer. Dein Freund, mit dem das Spiel schon gemacht worden ist, hatte sicher keinen Spaß dabei.
Also, Jens, überlege dir gut, auf was du dich bei diesen Gefahren einlässt.
Wir raten dir auf jeden Fall davon ab, das Ohnmachtsspiel zu machen.
Viele Grüße
Dein Sergej

5 a) *mögliches Argument 3:* Bestrafung
b) Sollten die Eltern eines Jugendlichen von dieser Mutprobe erfahren, werden sie die anderen Eltern der Clique benachrichtigen. Diejenigen, die an dem „Ohnmachtsspiel“ mitgemacht haben, werden bestraft.
Die Eltern des Jugendlichen aus Frankfurt haben die Eltern aller Freunde ihres Sohnes angerufen. Die Eltern waren sehr erschüttert über die Mutprobe und gaben ihren Kindern zwei Monate Hausarrest.
c) Außerdem solltest du bedenken, was deine Eltern wohl von dieser Mutprobe halten. Sollten sie, beispielsweise durch die Eltern deines Freundes, von dem „Ohnmachtsspiel“ erfahren, werden sie dich sicher zur Rede stellen. Finden sie heraus, dass du bei dem gefährlichen Spiel mitgemacht hast, werden sich dich bestimmt bestrafen. Die Familie des Jugendlichen aus Frankfurt hat die Eltern aller Freunde ihres Sohnes benachrichtigt. Diese waren sehr erschüttert über die Mutprobe und gaben ihren Kindern zwei Monate Hausarrest.

Seite 25

2 a) Argumentationsplan:

An wen richtet sich der Brief?	Franziska
Welches Problem hat der Adressat?	In Franziskas Clique tragen fast alle Markenklamotten. Franziska kann sich aber keine teure Markenkleidung leisten. Sie hat Angst davor, zum Außenseiter zu werden.
Was will der Adressat erreichen?	Franziska möchte sich Rat holen. Sie will wissen, ob Markenklamotten wirklich so wichtig sind, um dazuzugehören und anerkannt zu werden.

Seite 26

1 d) und 3 mögliche Argumente:

Was sind deine Argumente?	Argumente: 1. Markenkleidung ist sehr teuer.	Beispiel/Erläuterung: 1. Oft bezahlt man nur den Namen der Marke, ohne dass die Qualität wirklich besser ist als bei einem No-Name-Produkt.
	2. Markenkleidung wird nicht immer unter faireren Bedingungen produziert als No-Name-Produkte.	2. Immer wieder liest man in der Zeitung, dass auch Markenfirmen ihre Produkte in Entwicklungsländern von Kindern herstellen lassen.
	3. Die Persönlichkeit eines Menschen hat nichts mit dem Tragen von Markenkleidung zu tun.	3. Auf den Charakter kommt es an. Wenn jemand witzig und hilfsbereit ist, dann ist das viel wichtiger als sein Kleidungsstil.

Seite 27

1 mögliches Gegenargument:

Welches Gegenargument willst du entkräften?	Gegenargument: Der Gruppendruck ist sehr hoch. Wer keine Markenkleidung trägt, kann zum Außenseiter werden.	Entkräftung: Wenn du befürchtest, wegen fehlender Markenkleidung ausgegrenzt zu werden, dann solltest du dir überlegen, ob die Leute in deiner Clique wirklich deine Freunde sind. Wahre Freunde halten auch zu dir, wenn du nicht alles kritiklos mitmachst.

Seite 28/29

1 b) Argumentationsplan

An wen richtet sich der Antwortbrief?	Melina
Welches Problem hat der Adressat?	Melinas Eltern möchten, dass ihre Tochter in den Sommerferien in ein Feriencamp fährt. Melina möchte aber lieber zu Hause bleiben.
Was will der Adressat erreichen?	Melina möchte sich Rat holen und herausfinden, welche Meinung die Schülerredaktion von Feriencamps hat.

2 b)

Welchen Standpunkt vertrittst du bzw. Mareike?	Melina sollte in den Sommerferien in ein Feriencamp fahren.	
Was sind deine bzw. Mareikes Argumente?	Argumente 1. In einem Feriencamp kann man viele neue Erfahrungen machen. 2. In einem Feriencamp kann man interessante Leute kennenlernen. 3. In einem Feriencamp kann man sich vom Schulstress erholen.	Beispiel/Erläuterung 1. Manche Unternehmen bieten Naturcamps an, in denen du erfährst, wie luxuriös unser alltägliches Leben ist. Dann bekommen viele Dinge, die du jetzt als selbstverständlich ansiehst, einen ganz neuen Wert. 2. … wie deine Mutter das schon bemerkt hat. 3. … weil die Schule nicht in der Nähe ist.

3 *mögliche Überarbeitung:*

Liebe Melina,

in deinem Brief schreibst du uns, dass deine Mutter möchte, dass du in den Sommerferien in ein Feriencamp fährst, wozu du aber keine Lust hast. Wir raten dir dringend, mitzufahren.

In einem Feriencamp kannst du viele neue Erfahrungen machen. Manche Unternehmen bieten Naturcamps an, in denen du erfährst, wie luxuriös unser alltägliches Leben ist. Dann bekommen viele Dinge, die du jetzt als selbstverständlich ansiehst, einen ganz neuen Wert.

Außerdem kann man im Feriencamp wirklich viele interessante Leute kennenlernen. Du schreibst zwar, dass du schon genug Leute kennst, aber in einem Feriencamp kommen die unterschiedlichsten Menschen zusammen, sodass der eine oder andere bestimmt eine Bereicherung für deinen Freundeskreis wäre. Zudem verlierst du deine alten Freunde ja nicht, da du ja nur zwei Wochen weg bist.

Ich verstehe sehr gut, dass du dich von der Schule erholen willst. Aber vielleicht geht das im Feriencamp auch, da die vielen Angebote und die ungewohnte Umgebung dich ablenken und dich den schulischen Stress vergessen lassen. Außerdem dauert die Zeit im Feriencamp nur zwei Wochen, sodass du noch genügend Ferientage übrig hast, an denen du ausschlafen und faulenzen kannst.

Ich hoffe, dass du dem Feriencamp gegenüber jetzt aufgeschlossener bist. Wir raten dir auf jeden Fall mitzufahren.

Mareike Krüppers

Seite 30

1 a) *möglicher Argumentationsplan:*

An wen richtet sich der Antwortbrief?	Hamit	
Welches Problem hat der Adressat?	Hamit fühlt sich von seinen Freunden unter Druck gesetzt, Jüngere zu ärgern.	
Was will der Adressat erreichen?	Hamit will wissen, wie er sich verhalten soll.	
Welchen Standpunkt vertrittst du?	Hamit sollte sich dem Gruppendruck widersetzen.	
Was sind deine Argumente?	Argumente: 1. Das Verhalten von Hamit ist falsch und gefährlich. 2. Hamit wurde früher selbst gequält. 3. Es ist wichtig, nicht alles mitzumachen.	Beispiel/Erläuterung: 1. Die jüngeren Schüler könnten verletzt werden. 2. Er weiß daher, wie sich die Kleineren fühlen. 3. Die jüngeren Schüler werden dir dankbar sein.
Welches Gegenargument willst du entkräften?	Gegenargument: Es besteht die Gefahr, dass Hamit aus der Clique ausgeschlossen wird.	Entkräftung: Echte Freunde halten auch zu ihm, wenn er nicht alles kritiklos mitmacht.

b) *möglicher Antwortbrief:*

Lieber Hamit,

in deinem Brief schreibst du, dass deine Clique die Fünftklässler ärgert, und dass du mit den jüngeren Schülern Mitleid hast. Du schreibst auch, dass du von deinen Freunden unter Druck gesetzt wirst. Ich rate dir dringend, dich nicht von deiner Clique dazu anstiften zu lassen, die jüngeren Schüler zu ärgern.

Dein Verhalten ist falsch und sogar gefährlich, denn die jüngeren Schüler könnten ernsthaft verletzt werden. Erst neulich wurde in der Zeitung über einen Fünftklässler berichtet, der in der Pause von mehreren Jugendlichen verprügelt wurde. Der Junge musste mehrere Wochen im Krankenhaus liegen.

Außerdem warst du doch auch mal in der fünften Klasse. Daher weißt du, wie sich die jüngeren Schüler fühlen, wenn sie von den älteren geärgert werden. Das hat dir damals auch nicht gefallen, oder?

Zudem ist es wichtig, Zivilcourage zu zeigen und für Schwächere da zu sein. Habe den Mut, deine eigene Meinung zu vertreten und hilf den jüngeren Schülern, sich in der neuen Schule zurechtzufinden. Du wirst sehen, die Kleinen werden dir dankbar sein und zu dir aufsehen.

Ich kann verstehen, dass du deine Freunde nicht verlieren möchtest. Aber du solltest dir überlegen, ob die Jugendlichen in dieser Clique wirklich deine Freunde sind. Wenn eine Freundschaft nur durch Zwang und Gehorsam erreicht wird, ist das keine wahre Freundschaft.

Ich rate dir daher dringend, dich nicht mehr von der Gruppe dazu anstiften zu lassen, die jüngeren Schüler zu ärgern. Nur Mut!

Seite 31

2 1) ob; 2) dass; 3) dass; 4) dass; 5) da; 6) wenn; 7) dass; 8) weil; 9) dass; 10) dass; 11) sondern; 12) wenn

Seite 32

1 a) Markenkleidung ist oftmals teuer, weil die Qualität besser ist.
Haupt- und Nebensatz werden durch ein Komma getrennt.

2 a) + b)
Liebe Franziska,
viele Jugendliche schreiben uns, dass man ohne Markenkleidung in vielen Cliquen keine Chance hat.
Sehr viele Schülerinnen und Schüler können sich Markenkleidung nicht leisten, weil sie sehr teuer ist. Wenn man in die Stadt zum Einkaufen geht, wird man sehen, dass eine Jeans an die 100 € kosten kann. Das ist für die meisten zu viel Geld.
Du musst dir darüber im Klaren sein, dass deine Persönlichkeit nichts mit dem Tragen von Marken zu tun hat. Dein Charakter und deine Ausstrahlung hängen von deinem Wesen ab und nicht von Markenkleidung. Wenn jemand witzig und hilfsbereit ist, dann ist das doch viel wichtiger als seine Kleidung. Natürlich ist uns klar, dass der Gruppendruck sehr hoch ist. Aber es ist auch ein Ausdruck von Stärke und Durchsetzungsvermögen, wenn man sich gegen etwas stellen kann. Wir würden dir also raten, dass du dich nicht beeinflussen lässt. Zieh einfach das an, was dir gefällt und was du dir leisten kannst.

Seite 35

1 A: Peer zieht seinen dicken Wollpullover nicht aus, weil er nur sein altes T-Shirt darunter hat.
B: Peer besitzt kein Handy, keine CDs und keinen MP3-Player.
C: Peer nennt Solveig die Adresse seiner Oma.
D: Solveig ist ein norwegischer Name.

2 *mögliche Antwort:*
Der Schulhof ist gefegt und sauber. Das Eingangsportal sieht edel aus. Die Schule ähnelt einem Luxushotel.

3 *mögliche Erklärung:*
Peer möchte seine Ängste und seinen Kummer nicht zeigen. Er möchte seine Gefühle und seine Gedanken vor seinen neuen Mitschülern wie hinter einer Ritterrüstung verbergen.

4 *mögliche Erklärung:*
Mit dem Wort „Provokation" ist gemeint, dass Peer durch seine Kleidung negativ auffällt. Sein Kleidungsstil unterscheidet sich von dem seiner Mitschüler. Dadurch fühlen sich die Schüler angeregt, Peer auszugrenzen.

Für andere da sein
(Schülerband: Seite 36 – 53)

Seite 38

1 a) THW: Technische Geräte einsetzen; Jugendrotkreuz: Erste Hilfe, Rettungsschwimmen; Schulsanitätsdienst: Erste Hilfe in der Schule, Sanitätsmaterial betreuen, Helfer bei Aus-

flügen; Sporthelfer: Sportangebote planen, bei Sportveranstaltungen mithelfen, Pausenaktivitäten leiten

---

Seite 41

2 a)

Jugendfeuerwehr	Text A	Text B	Text C
Tätigkeiten	– Training für den Ernstfall – Vorführungen des Könnens (Stadtteilfest, Leistungswettkämpfe), – Spiel und Spaß: Fußballspielen, Quasseln, Radtouren, Zeltlager, Kirmesbesuch	– Fahrzeug- und Gerätekunde – taktisches Verständnis – Schläuche verlegen – Erste Hilfe – Umweltschutz	– Umgang mit der Ausrüstung – feuerwehrtechnischer Unterricht – Spiel und Spaß: Sport, Basteln, Zeltlager – Wettkämpfe
Gründung	31.10.1964 in Berlin, auf Föhr schon seit 1882		
Abzeichen		Jugendleistungsabzeichen, Deutsche Leistungsspange	
Mitgliederzahlen		2003: 260 000, Anteil Mädchen: 22,5 Prozent (58 568)	
Aufnahmebedingungnen			Mädchen und Jungen ab 12 Jahren, schriftlicher Aufnahmeantrag
Treffen			alle 2 Wochen

Seite 42

1 *möglicher Broschürentext:*
Die Deutsche Jugendfeuerwehr (DJF) wurde am 31.10.1964 in Berlin gegründet. Auf der Insel Föhr gibt es sie sogar schon seit 1882. Mitglied kann jeder Jugendliche ab 12 Jahren werden, wenn eine schriftliche Einverständniserklärung der Eltern vorliegt. Im Jahr 2003 zählte die Deutsche Jugendfeuerwehr 260.000 Mitglieder, rund ein Viertel davon waren Mädchen.
In der Jugendfeuerwehr werden viele Tätigkeiten angeboten. Vor allem im Technikbereich gibt es viele Aufgaben zu bewältigen. Die Jugendlichen haben Unterricht in Fahrzeug- und Gerätekunde, lernen Schläuche zu verlegen und entwickeln ein taktisches Verständnis für den Ablauf der Einsätze. Zudem erfahren sie einiges zum Thema Umweltschutz und Erste Hilfe.
Den fachgerechten Umgang mit der Ausrüstung sowie das angemessene Verhalten im Ernstfall trainieren die jungen Feuerwehrleute in Übungen sowie bei Leistungswettkämpfen.

Bei diesen Wettkämpfen können sie sich mit anderen Jugendgruppen messen. Um ihr Können zu beweisen, gibt es für die Jugendlichen auch die Möglichkeit, Prüfungen zu absolvieren, welche mit verschiedenen Leistungsabzeichen belohnt werden. Weitere Aktivitäten zielen mehr auf den Freizeitbereich: Es werden unter anderem Radtouren, Fußballspiele, Kirmesbesuche oder Zeltlager angeboten.
Meine Beurteilung der Jugendfeuerwehr:
Die Jugendfeuerwehr würde ich euch empfehlen, wenn ihr gerne mit anderen Jugendlichen zusammenarbeitet und wenn ihr Lust auf abwechslungsreiche und spannende Aufgaben habt. Ihr solltet allerdings nicht bei der Jugendfeuerwehr mitmachen, wenn es euch nur um Spaß und Spannung geht, denn es erwarten euch verantwortungsvolle Tätigkeiten. Für Jugendliche, die sich nicht für Technik oder technische Zusammenhänge interessieren, ist eine Mitgliedschaft in der Feuerwehr ebenfalls nicht zu empfehlen, da ein technisches Verständnis sehr wichtig ist.

Seite 47

1 *möglicher Text:* (Überarbeitungen sind fett hervorgehoben)
Als Sporthelfer aktiv sein
Wisst ihr eigentlich, was Sporthelfer an Schulen tun und wie sie ausgebildet werden? Bevor sie zum Einsatz kommen, werden sie zunächst in ungefähr 35 Unterrichtsstunden ausgebildet. Obwohl die Sportpraxis den größten Teil der Ausbildung umfasst, heißt das nicht, dass sie dort nur Sport treiben dürfen: Sie müssen sich auch in Sportmedizin auskennen. Außerdem lernen Sporthelfer die unterschiedlichen Bereiche kennen, in denen sie eingesetzt werden können, nämlich den Sportverein, den Schulsport oder Jugendarbeit allgemein. Natürlich enthält die Ausbildung auch den Bereich der Zusammenarbeit, schließlich ist Sport ja sehr kommunikativ! Sie müssen übrigens im Alter zwischen 13 und 17 Jahren sein, wenn sie ausgebildet werden wollen.
Nach dieser umfassenden Ausbildung finden auch immer mal wieder Fortbildungen statt, auf denen sich die Sporthelfer **über ihre Erfahrungen** austauschen und natürlich auch Neues kennenlernen können. **Nicht immer geht es dabei nur um Sport: Auch an ihrer Persönlichkeit können Interessierte arbeiten. Sie beobachten zum Beispiel ihre Körpersprache und ihr Auftreten vor der Gruppe.**
Doch wo und wie werden Sporthelfer eingesetzt? Häufig bieten sie direkt in der Schule Aktionen an, **z. B. im Pausensport oder bei AGs.** Sie können natürlich auch in Sportvereinen tätig werden und dort auch Gruppen trainieren.
Meine Beurteilung:
Das Projekt „Sporthelfer" würde ich jedem von euch empfehlen, der gerne Sport treibt, sich mit vielen verschiedenen Sportarten auskennt und vor allem gut mit seinen Mitschülern umgehen kann bzw. mit Kindern und Jugendlichen. Es ist vor allem eine verantwortungsvolle Aufgabe, denn man muss Unfälle vermeiden oder bei Sportunfällen direkt helfen können. Vor allem müssen Interessierte Durchhaltevermögen und Zuverlässigkeit bei der Ausbildung zeigen, denn 35 Stunden sind ja nicht **wenig**.

Seite 49

2 *möglicher Text:*
JUUS verbindet Umwelt und Sport
Wer von euch hat denn schon einmal etwas von JUUS gehört? Dahinter steckt ein Gemein-

schaftsprojekt der Deutschen Sportjugend (dsj) und der Naturschutzjugend (NAJU). Beiden Organisationen ist der Umweltschutz wichtig. So wollen die NAJU und die dsj viele Jugendliche zusammenbringen und erreichen, Sport und Umweltschutz miteinander zu verbinden. Sie wollen mit den Jugendlichen ins Gespräch kommen und über Umweltfragen diskutieren, damit es nicht zu Schäden in der Natur kommt. Die Teilnehmer an diesem Projekt sollen dabei natürlich auch Spaß haben und sich bewegen können. Besonders angesprochen sind Jugendliche im Alter von 12 bis 16 Jahren. Die Aktivitäten von JUUS haben alle etwas mit Bewegung zu tun und finden in der freien Natur statt. Ob beim Paddeln, im Tauchcamp, im Cowboylager, im Wald oder beim Skaten, oder gar in der Luft, wie es das Balloncamp erfordert – alle Angebote thematisieren den Umweltschutz. Die Angebote werden gerne angenommen. Besonders beliebt bei den Jungen ist das Balloncamp, während die Mädchen am liebsten auf Rollen unterwegs sind. Beide Angebote sind dagegen beim jeweils anderen Geschlecht am unbeliebtesten. Die Angebote werden ungefähr zu gleichen Teilen von Jungen wie auch von Mädchen genutzt. Etwa 97 Jungen und 81 Mädchen waren an den Projekten von JUUS beteiligt.
Meine Einschätzung: Ich halte es für eine tolle Sache, wenn Sportler und Umweltschützer zusammenarbeiten. So nehmen Sportler die Natur mit ganz anderen Augen wahr und werden dazu gebracht, sich aktiv mit dem Umweltschutz auseinanderzusetzen. Umweltschützer dagegen werden so vielleicht dazu gebracht, sich mehr zu bewegen und gesünder zu leben. Sie erleben dann die Natur nicht nur passiv, sondern erkunden sie durch Sport.

Seite 50

1 a) Fotoalbum: 1, 3, 5; Infobroschüre: 2, 4, 6
b) Die Sätze stehen auf der rechten Seite im Passiv, auf der linken Seite im Aktiv. Links werden die beteiligten Personen genannt (*wir, Leitstellenleiter, Ausbilder*).
c) Die Zentrale wird erklärt.

2 1. Die Spezialisten des THW werden von Anwohnern gerufen.
2. Wichtige Anweisungen werden vom Einsatzleiter erteilt.
3. Der Unglücksort wird vom ersten Trupp ausgeleuchtet.
4. Verbandstaschen werden von den Sanitätern benötigt.
5. Eine Rampe wird von einigen Helfern aufgebaut.

Seite 51

1 a) Am „Blaulicht-Tag“ in unserer Stadt habe ich mich informiert, wie ich mich für andere einsetzen kann. Das Kennenlernen der einzelnen Organisationen fand ich sehr hilfreich. Die Jugendfeuerwehr hat in einzelnen Aktionen gezeigt, was beim Bergen und Versorgen von Verletzten beachtet werden muss. Vor allem müssen viele Rettungsgriffe beherrscht werden. Das setzt regelmäßiges Üben voraus. Zum schnellen Handeln braucht man natürlich auch einen kühlen Kopf.

2 Gefallen hat mir, dass der Ausbilder der Jugendfeuerwehr erzählt hat, was er sich zunächst unter der Feuerwehr vorstellte: Erst dachte er nur an das Löschen von Bränden, dann wurde ihm klar, dass das Einsetzen für andere sehr vielseitig ist: Vom Absperren von Straßen bei Verkehrsunfällen bis hin zum Retten von Schwänen kann es gehen. Gut an den vorgestellten Jugendorganisationen ist auch, dass jeder mitmachen und seine Fähigkeiten einbringen kann: Einige sind Experten im Planen, andere im Warten der Ausrüstung. Ins Grübeln komme ich nur wegen des Zeitaufwandes. Doch ich halte es für sehr sinnvoll, anderen zu helfen und auch noch Spaß dabei zu haben.

3 1) Beim Verlassen; 2) Das Benutzen; 3) Nach dem Eintreffen; 4) Zum Öffnen; 5) Dieses Verhalten

---

Seite 53

1 B

2 A, C, D

3 B

4 B

5 Er hat schon als 13-Jähriger ehrenamtlich für die Johanniter gearbeitet.

6 Man muss aus sich herausgehen und auf Menschen zugehen können: Menschen müssen beruhigt werden; man muss über schlimme Dinge mit Kollegen sprechen können, um damit klarzukommen.

7 Verletzten helfen, Menschenleben retten (Einsätze fahren); Büroarbeit

---

Eine Schulveranstaltung organisieren

(Schülerband: Seite 54–69)

Seite 56

1 *mögliche Lösung:*
a) – Informationen über die Bewegungstheater-AG (Zusatzprobe, Raumänderung, Termin der Aufführung, Organisation der Aufführung ...)
– linke Spalte: 1. Aushang; rechte Spalte: 2. und 3. Aushang
b) Änderungen: linke Spalte, 2. Aushang: Aufführung in der Aula. Kommt alle vorbei und schaut euch die tolle Show an! 3. Aushang: Wer möchte noch einmal jonglieren üben? Erscheint bitte zur Probe! rechte Spalte, 1. Aushang: Meldet euch bei mir! Nr. 0211-55578

Seite 57

1 a) Gesucht: Grammophon, Gymnastikmatte in gutem Zustand;
Angebote: gut erhaltenes Einrad, Jonglierkeulen mit kleinen Gebrauchsspuren
b) Bezeichnung des Gegenstands, der gesucht oder angeboten wird; Beschreibung, Preisvorstellung, Grund (Suche, Angebot), Name und Telefonnummer des Inserenten

2 a) ges. = gesucht, in gut. Zust. = in gutem Zustand, Preisvorst. = Preisvorstellung, erh. = erhalten, gek. = gekauft, VB = Verhandlungsbasis, kl. = kleine, erreichb. = erreichbar, Mo = Montag, Mi = Mittwoch, zw. = zwischen

b) Abkürzungen sorgen dafür, dass ein Anzeigentext nicht zu lang wird, da nur begrenzter Platz für Aushänge zur Verfügung steht. In Zeitungen wird eine Anzeige nach Zeilen oder sogar Buchstaben berechnet: Je kürzer desto billiger.

Seite 59

1 b) Aula des Schulzentrums für Anne-Frank-Schule reservieren; Aufführung am 12.09. um 16.00 Uhr; Stühle für 150 Zuschauer; Aufbau eines Kuchenstands in der Aula möglich?; Lehrer übernehmen Aufsicht

---

Seite 60

4 Name der Schule; Stühle für 150 Zuschauer; Aufbau eines Kuchenstands in der Aula; Lehrer übernehmen Aufsicht

5 A = Absender, B = Datum, C = Adressat, D = Betreffzeile, E = Anrede, F = Inhalt, G = Gruß, H = Unterschrift

---

Seite 62

1 a) Z. 7: Wir möchten, dass über unsere Aufführung etwas in der Zeitung steht.
Z. 15: Mir wurde gesagt, dass Sie über unsere Aufführung berichten könnten.
Z. 19: Die Aufführung organisiert unsere Bewegungstheater-AG. Darin sind Schüler der Jahrgangsstufen 5–10. Die einen jonglieren, andere führen Akrobatik vor. Auch Übungen auf einem Seil werden vorgeführt.
Z. 26: Also, wir rechnen mit 150 Zuschauern.
Z. 31: Würden Sie mir bitte noch Ihre E-Mail-Adresse geben?
Z. 34: Ebenfalls Danke. Tschüss, Herr Freitag.

2 b) einen Termin vereinbaren; eine Mail als Anfrage schicken; sich genaue Notizen zu den Gesprächsinhalten machen

---

Seite 63

3 b) Mit vielen Zuschauern (ca. 150) wird gerechnet, Wegbeschreibung zur Aula

c) gequatscht → gesprochen; richtig nett → sehr sympathisch; wann Sie einen Ihrer Kollegen rüberschicken können → wann einer Ihrer Kollegen vorbeikommen kann; Mega-Event → tolles Ereignis; mit cooler Musik beschallen → mit guter Musik unterstützen; Kröten → Schülern; Chefs des Ganzen → Leiter; vom Hocker reißen → begeistern; meine Kontakte → meine Kontaktdaten; echt prima → sehr freundlich

Seite 64

1 a) Betreffzeile; Z. 1: Anrede; Z. 2: wir warten ewig; Z. 4f: Was brauchen Sie noch so lange?; Z. 5: Meine Mutter hat auch schon gesagt, …; Z. 8–10: Wir sind supersauer …; Z. 11: Sie können unseren Auftrag vergessen; Z. 12: Bei jeder anderen Firma …; Z. 14 Grußformel

b) Datum; Telefonnummer, E-Mail-Adresse; genaue Bezeichnung der T-Shirts; genaues Lieferdatum

---

Seite 65

2 a) +b)

möglicher Schülertext:

Max Schlüter
Dimker Allee 126
42000 Düsseldorf
Maximaus@düssel.de

Düsseldorf, …200

Sportgeschäft
Willi Karsten
Alter Sportplatz 43
42000 Düsseldorf

Sehr geehrter Herr Karsten,

vielleicht haben Sie schon gehört, dass am 12. September um 16.00 Uhr eine Aufführung der Bewegungstheater-AG der Anne-Frank-Schule stattfindet. Alles, was wir in der Bewegungstheater-AG gelernt haben, werden wir auf die Bühne bringen. So kann man bei uns Jonglage, Akrobatik, Jumpstyle und Balance-Acts bestaunen.
Wir können aber noch Unterstützung gebrauchen. Daher wenden wir uns an Sie: Könnten Sie uns einige Geräte zur Verfügung stellen? Wir wären froh, wenn wir noch einige Gymnastikbälle, Reifen, Tennisbälle und auch Rope-Skipping-Seile hätten. Besonders würden wir uns über einheitliche Trikots freuen. Mit den gleichen Trikots würde unsere Aufführung noch viel besser wirken.
Sie sind auf jeden Fall ganz herzlich eingeladen.

Herzliche Grüße
Max Schlüter
(Mitglied der Bewegungstheater-AG der Anne-Frank-Schule)

Seite 66

2 a) Sehr verehrte, höflichst, Angst hervorrufen, aus tiefstem Herzen dankbar, hochachtungsvoll

b) Hi ihr da, Klamotten, coole Caps, geil, Gegenstände rausrücken, voll krass rüberkommen, die Krise kriegen, Teile, die Dinger, rüberwachsen, voll gut, latzen, Grüße

---

Seite 67

2 Sehr geehrter Herr Liebig,

wir freuen uns sehr, dass Sie uns bei unserer Aufführung helfen wollen. Für uns ist es eine große Hilfe, dass Sie Erfahrung mit der Beleuchtung der Bühne haben. Kennen Sie sich auch mit der Musikanlage aus? Das würde uns nämlich einen weiteren Helfer sparen. Könnten Sie auch Ihre Boxen mitbringen?
Wir haben uns gedacht, dass wir uns mit Ihnen bereits um 14.00 Uhr am Eingang der Aula treffen. Dann kommt auch noch ein weiterer Helfer dazu. Wir können Ihnen anschließend die Anlage in Ruhe zeigen und Sie können die Geräte, die Sie selber mitbringen, ebenfalls anschließen.

Falls Sie noch Fragen haben, melden Sie sich doch bei uns. Sie können sich bei Rike Gerding melden. Sie ist unter der Telefonnummer 0201 - 8887656 erreichbar.

Vielen Dank für Ihre Zusage. Wir freuen uns schon auf Sie.

Herzliche Grüße
Piet Schemmer

Seite 69

1 B

2 Es wird das Personalpronomen „sie“ verwendet.

3 Fehler im Bild: Vorhang grün statt rot, Geige statt Klavier, wenige statt viele Zuschauer

4 *mögliche Textaussagen:*
Z. 2: Kribbeln im Bauch = nervös; Z. 11: ihre Gedanken gingen furchtbar wirr durcheinander = nervös; Z. 40: Am liebsten wäre sie in die Luft gesprungen = glücklich

5 Zuschauer nicht angucken (Z. 6) und sich die Zuschauer in gepunkteter Unterwäsche vorstellen (Z. 8)

6 Das Mädchen fühlt sich rundum wohl. Sie ist glücklich. Alles ist perfekt.

Dem Täter auf der Spur
(Schülerband: Seite 70–81)

Seite 70/71

2

beteiligte Personen/Tatverdächtige	Hauptkommissar Fuchs, Herr Meyer (Schulleiter der Anne-Frank-Realschule / keine Angaben, vermutlich Schüler
Tathergang	Unterlagen der zentralen Abschlussprüfungen wurden aus dem Safe gestohlen, wichtige Daten auf dem PC des Schulleiters wurden kopiert
Tatzeit	13. Mai, zwischen Schulbeginn und 14.30 Uhr
Tatort	Büro und Schlafzimmer der Familie Meyer, Münsterstraße 36, Münster-Hiltrup
Motiv	Unterlagen wohl gestohlen, um die Aufgaben zu beschaffen und die Abschlussprüfung zu bestehen (Geld kein Motiv)
Tatwerkzeug	keine Angaben
Folgen der Tat	alle Prüfungen in Nordrhein-Westfalen müssten wiederholt werden, enorme Kosten würden entstehen, Schüler müssten sich erneut auf die Prüfung vorbereiten

---

Seite 73

1 b) Ergänzungen: Tatverdächtige: Sven Pfitz, Bernd Köhler (Schüler der Abschlussklasse); Motiv: Abschlussprüfung bestehen; Tatzeit: wahrscheinlich zwischen 13.30 Uhr und 14.30 Uhr

2 b) *möglicher Text:*
Montag, 13.05. Akte Meyer. Erster Bericht
Am 13.05. wurde wahrscheinlich zwischen 13.30 Uhr und 14.30 Uhr im Einfamilienhaus der Familie Meyer in Münster-Hiltrup, Münsterstraße 36, ein Einbruch verübt, bei dem die Unterlagen der zentralen Abschlussprüfungen aus dem Safe sowie wichtige Computerdateien gestohlen wurden. Erste Ermittlungen der Polizeiinspektion Münster ergaben, dass zwei Schüler der Abschlussklasse als Tatverdächtige in Frage kommen. Ihre Namen sind Bernd Köhler und Sven Pfitz.
Der Tathergang lässt sich wohl folgendermaßen rekonstruieren: Nachdem die Putzfrau das Haus um 13.30 verlassen hat, drang der Täter in das Haus ein, indem er eine Fensterscheibe einschlug. Danach schaltete er im Büro den Computer an und stahl wichtige Daten. Im Schlafzimmer der Familie Meyer öffnete er den Safe über dem Bett und entnahm die Unterlagen für die Abschlussprüfungen. Die Zahlenkombination für den Safe könnte sich der Täter aus der Aktentasche des Schulleiters beschafft haben. Vor 14.30 Uhr hat der Täter den Tatort wieder verlassen. Der Einbruch wurde wohl begangen, um die Prüfungsaufgaben im Voraus zu beschaffen und damit die Abschlussprüfungen bestehen zu können. Möglicherweise müssen alle Prüfungen in Nordrhein-Westfalen wiederholt werden, wodurch enorme Kosten entstehen würden.

Seite 76

1 d) Sven Pfitz müsste der Täter sein, da er wahrscheinlich die Zahlenkombination von seiner Mutter kannte. Außerdem hat die Zeugin Elfriede Maibaumer ihn am Tatort gesehen.

Seite 77

1 + 2 *möglicher Bericht:*

Mittwoch, 15.05. Akte Meyer

Am 15.05 um 18 Uhr fand am Aasee in der Innenstadt von Münster ein Treffen der beiden Tatverdächtigen Sven Pfitz und Tim Köhler statt. Der Schüler Sven Pfitz trug die gestohlenen Prüfungsunterlagen in einer Tasche bei sich. Er gab sie Herrn Köhler und bekam dafür 10 000 Euro Bargeld überreicht. Nach der Übergabe griffen die Beamten ein und wollten die Täter festnehmen. Diese versuchten zu fliehen, wurden jedoch bei ihrem Fluchtversuch überwältigt. Tim Köhler, der Auftraggeber des Diebstahls, kam dabei zu Fall und erlitt durch den Sturz einen Kreuzbandriss. Er musste ins Krankenhaus eingeliefert werden.

Seite 78

1 c) *möglicher Text:*

Am 15. Mai wurden Sven Pfitz und Tim Köhler am Aasee in der Innenstadt von Münster verhaftet, weil Kommissar Fuchs Informationen von einer geplanten Übergabe der gestohlenen Prüfungsunterlagen erhalten hatte. Zum Zeitpunkt der Übergabe versteckten sich die Polizisten im Gebüsch und beobachteten, wie sich zwei verdächtig aussehende Personen dem Treffpunkt näherten. Nachdem die Übergabe erfolgt war, griffen die Polizisten zu. Die beiden Täter versuchten zu fliehen, wurden aber rasch von den Polizisten überwältigt. Tim Köhler zog sich bei dem Fluchtversuch einen Kreuzbandriss zu und musste ins Krankenhaus eingeliefert werden.

Seite 79

1 + 2

kleingeschriebene Zeitangaben	**großgeschriebene Zeitangaben**	**Mischformen**
gestern (2)	in der Nacht (3) (8)	heute Morgen (1)
morgens (4) (9)	am Abend (5)	in den frühen Montagmorgen (14)
frühmorgens (11)	an jedem anderen Sonntagabend (6)	
heute (12)	am nächsten Morgen (7)	
	jeden Montag (10)	
	an diesem Morgen (13)	

Seite 81

1 B

2 C

3 Der Kommissar hofft, dass der Täter beim Schreiben unvorsichtig wird und sich durch seinen Aufsatz verrät.

4 B

5 Carsten Laag wusste, dass im Musikbasar drei Registrierkassen stehen und dass die Trompete in einem Koffer versteckt wurde. (Zeile 90–93)

Für immer Freunde?

(Schülerband: Seite 82–99)

Seite 85

2 *mögliche Antworten:*

a) Britta möchte alleine sein. Wenn ein anderer Schüler sie anspricht, verhält sie sich abweisend. Entweder reagiert sie nicht auf ihre Mitschüler oder sie sagt ihnen, dass sie sie in Ruhe lassen sollen (Z. 1–16).

b) Bert hat schon öfters versucht auf Britta zuzugehen, wurde jedoch immer wieder von ihr abgewiesen (Z. 12–16). Die anderen Mitschüler haben ihn dabei beobachtet und geben ihm die Schuld für Brittas Verhalten. Da er von den anderen Schülern die ganze Zeit beobachtet wird, traut er sich nicht, auf Britta zuzugehen (Z. 16–28).

c) Er ringt sich wohl durch, weil er Britta mag und sie nicht im Stich lassen will beziehungsweise sich mit ihr versöhnen möchte. Die Freundschaft mit Britta ist Bert wichtiger als der Eindruck, den er bei seinen Mitschülern hinterlässt, die ihn mit ihren Blicken verfolgen (Z. 24–31).

Seite 87

2 Hauptpersonen: Benjamin, Benjamins Vater
Handlung: Benjamin möchte sich mit seinem Freund Josef treffen. Benjamins Vater möchte jedoch nicht, dass sich sein Sohn mit Josef trifft.

3 a) Die beiden unterhalten sich über ihre Vorstellungen von Freundschaft. Der Vater versucht Benjamin zu erklären, weshalb Josef kein guter Umgang für ihn ist. Benjamin erklärt seinem Vater, wieso er sich gerne mit Josef trifft.

b) Josef ist geistig behindert („ein geistig zurückgebliebenes Kind“, Z. 14).

4 Für Benjamin bedeutet Freundschaft: interessante Dinge zusammen sehen (Z. 27–40); anderen helfen, für sie da sein (Z. 40–41).
Für seinen Vater bedeutet Freundschaft: von anderen lernen (Z. 17–21); zu anderen aufblicken, sich nach oben orientieren (Z. 33–38).

5 *möglicher Text:*
In der Erzählung „Freunde“ von Gina Ruck-Pauquèt unterhalten sich ein Junge namens Benjamin und sein Vater miteinander. Dabei geht es um Benjamins Freundschaft mit Josef, der geistig behindert ist. Benjamin schätzt viele Dinge, die er nur mit Josef erleben kann, z. B. alltägliche Dinge mit ganz anderen Augen zu sehen. Der Vater möchte jedoch nicht, dass Benjamin mit Josef Umgang hat, da er der Meinung ist, er könne von ihm nichts lernen. Der Vater findet, dass man sich nur solche Freunde suchen solle, die klüger sind als man selbst. Diese Sichtweise deutet Benjamin am Ende des Gesprächs um, indem er den Vater darauf hinweist, dass dann ja immerhin Josef etwas von ihm lernen könne.

Seite 90

2 *mögliche Zusammenfassung:*
In der Geschichte „Letzte Wende“ von Kristina Dunker geht es um die Freundschaft zweier Mädchen. Beide nehmen an einem Schwimmwettbewerb teil und sind dadurch zu Konkurrentinnen geworden. Eines der Mädchen, die Icherzählerin, hat Angst, ihre Freundin Rike zu verlieren, wenn sie den Wettbewerb gewinnt. Sie überlegt, ob sie Rike gewinnen lassen soll, entscheidet sich dann aber dagegen und kommt als Erste ans Ziel. Nach ihrem Sieg wird die Icherzählerin von den Zuschauern bejubelt. Nur Rike kann sich nicht für sie freuen, da sie neidisch auf sie ist und ihr den Sieg nicht gönnt. Die Icherzählerin ist traurig über Rikes Verhalten. Sie beschließt, Rike nicht mehr hinterherzulaufen und die Freundschaft zu beenden.

Seite 91

4 a) Textstellen: Z. 5–6; Z. 18–29; Z. 39–44; Z. 58–59; Z. 65–73
b) Die Icherzählerin wird entweder den Wettbewerb oder ihre Freundin verlieren.

5 a) + b)

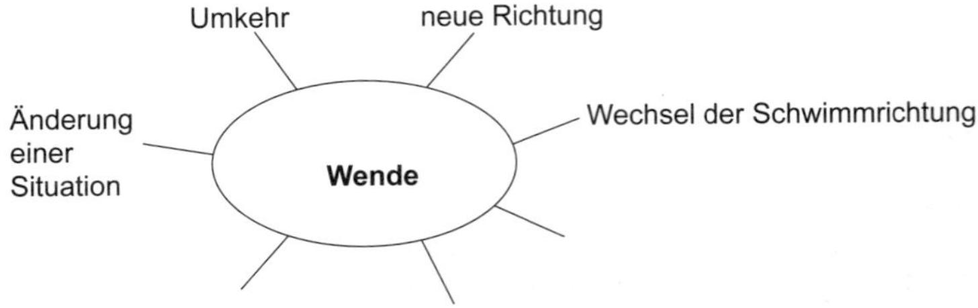

c) Die Überschrift bezieht sich hauptsächlich auf die Veränderung der Freundschaft zwischen den beiden Mädchen. Es drückt die Entscheidung der Ich-Erzählerin für den eigenen Sieg und gegen die Freundschaft aus. Im wörtlichen Sinne kann man den Titel auch auf die Wende beim Schwimmen beziehen, also das Wenden der Bahnen.

Seite 92/93

1 a)–e) + **2** a)

mögliche Textuntersuchung:

In dem Text „Zwei Freunde und ein Bär“ von Aesop geht es um die Freundschaft zwischen zwei Männern.

Zwei Freunde machen eine Wanderung. Vor dem Start beschließen sie, sich immer beizustehen und füreinander da zu sein. Als ihnen auf dem Weg ein Bär begegnet, klettert der eine sofort auf einen Baum. Der andere legt sich auf den Boden und stellt sich tot, weil er hofft, dass der Bär keine Toten fressen würde. Der Bär kommt näher, leckt dem auf dem Boden liegenden Mann das Ohr, dreht ihn herum und zieht dann weiter. Nachdem der Bär weggegangen ist, kommt der Freund vom Baum herunter und fragt den anderen, was der Bär gesagt habe. Dieser antwortet, dass der Bär ihn vor Menschen gewarnt habe, die ihre Freunde im Stich lassen.

Der Freund hat sich dem anderen gegenüber nicht fair verhalten, als er auf den Baum geklettert ist. Denn damit hat er in Kauf genommen, dass der andere verletzt oder sogar getötet werden könnte. Vielleicht hat er so reagiert, weil er große Angst vor dem Bären gehabt hat. Trotzdem hätte er den anderen nicht im Stich lassen dürfen. Er hätte ihm z. B. helfen können, mit ihm auf den Baum zu klettern, um sich auch dort zu verstecken.

Ich stimme mit der Lehre der Fabel überein. Jemand, der seinem in Not geratenen Freund nicht beisteht, sondern ihn alleine lässt, ist kein wahrer Freund. Echte Freunde handeln nicht egoistisch, sondern helfen sich gegenseitig.

Seite 94

1 Ort: Schule, Klassenraum; Hauptpersonen: Mädchen (Eine, Schülerin), Junge (neuer Schüler); Handlung: Während des Unterrichts starrt eine Schülerin die ganze Zeit den neuen Schüler an. Der Neue macht sich Gedanken darüber, weshalb sie ihn so anstarrt und welchen Charakter diese Schülerin wohl hat. Als er sie anlächelt, geht sie zu ihm und gibt ihm ihr Buch. Er bedankt sich bei ihr, beginnt in dem Buch zu lesen, beobachtet sie aber weiter.

2 *mögliche Textuntersuchung:*

In dem Text „Eine“ von Irmela Bender geht es um den Beginn einer Freundschaft zwischen einem Mädchen und einem Jungen, der neu in die Klasse gekommen ist.

Während des Unterrichts starrt eine Schülerin die ganze Zeit ihren neuen Klassenkameraden an. Der Neue macht sich Gedanken darüber, weshalb sie ihn so anstarrt und welchen Charakter diese Schülerin wohl hat. Als er sie anlächelt, geht sie zu ihm und gibt ihm ihr Buch. Er bedankt sich bei ihr, beginnt in dem Buch zu lesen, beobachtet sie aber weiter. Nach einer Weile dreht sich das Mädchen noch einmal zu ihm um und der Junge glaubt ein Lächeln bei ihr zu entdecken.

Das Mädchen hat braune Augen, Sommersprossen auf der Nase, ein mageres Gesicht (Z. 9–11), magere Finger und kurze Nägel (Z. 24). Der Junge hält sie für „eine Struppige“, die kicken kann wie ein Junge (Z. 15). Außerdem glaubt er, dass sie eher eine Einzelgängerin ist (Z. 15–17) und dass man von ihr so manches erfahren kann (Z.17–18).

Der Junge interessiert sich für das Mädchen, da es ihn die ganze Stunde über anstarrt. Er wundert sich, dass das Mädchen ihn so ernst und aufmerksam ansieht. Das weckt seine Neugier und er beginnt über das Mädchen und ihr Verhalten nachzudenken.

Ich bin der Meinung, dass das Mädchen und der Junge Freunde werden, denn jeder der beiden interessiert sich für den jeweils anderen. Zudem meint der Junge, dass er das Mädchen mögen könnte. Als er sie anlächelt, bringt sie ihm ihr Buch. Das ist eine nette Geste. Ihr zaghaftes Lächeln am Schluss des Textes zeigt, dass sie ihn wohl auch mag.

Seite 95

1 a) Die Kurzgeschichte „Freunde“ von Gina Ruck-Pauquèt handelt von einem Gespräch zwischen einem Vater und seinem Sohn Benjamin. In diesem Gespräch geht es um Benjamins Freund Josef, der nach Ansicht des Vaters nicht gut für seinen Sohn ist. Er begründet seine Meinung damit, dass Benjamin von Josef angeblich nichts lernen kann. Das sieht Benjamin allerdings anders, denn Josef sieht viele Dinge, die ihm gar nicht auffallen würden. Den Vater überzeugen Benjamins Argumente aber nicht. Er rät Benjamin, sich immer nach oben zu orientieren. Das bedeutet, dass man Freunde haben sollte, die klüger sind als man selbst. Darauf erwidert Benjamin, dass es dann für Josef gut ist, mit ihm befreundet zu sein.

b) Die wörtliche Rede kann vermieden werden, indem man den Inhalt der wörtlichen Rede umschreibt, oder indem man den Inhalt in einem dass-Satz wiedergibt.

2 a) A: 3; B: 4

b) z. B. Er sagte ihm, dass er nicht sein Freund ist: 1
Er teilte ihm mit, dass er keine Lösung für sein Problem hat: 2

Seite 96

1 a) + b)

Jemand, der da ist, geht's dir einmal nicht gut,
und der, was er kann, für dich dann auch tut,
der Zeit für dich hat, viel Zeit jederzeit,
und zu dir steht in Freud und in Leid,
der gern mit dir froh ist, der gern mit dir lacht,
der Spaß versteht und Gaudi mitmacht.
Und selbst, wenn alles um dich herum fällt,
(der) dich nicht auslässt und (der) jetzt erst recht zu dir hält,
jemand, der da ist, wie es auch steht,
(der) durch dick und durch dünn für dich geht,
ein Mensch, auf den man todsicher baut,
vor dem man denken darf, sogar laut.
Wenn du so jemand kennst, pass auf immerdar,
denn das ist ein Freund, und Freunde sind rar.
Freunde kannst du nicht kaufen für noch so viel Geld,
einen Freund musst du suchen wie nichts auf der Welt.

Seite 99

1 Für Aussage A spricht: Therese stellt Bull zur Rede und fragt ihn, ob er die Jacke gestohlen hat. Dieser Schritt fiel ihr nicht leicht, doch war es ihr die Freundschaft wert.
Für Aussage B spricht: Am Ende entscheidet sich Therese dazu, den Diebstahl zu melden. Sie wollte das Unrecht, das Bull begangen hat, nicht decken.

2 Therese mag Bull, weil er anders ist als die Kinder in ihrer Schule. Er macht, was ihm gefällt und lässt sich von den Erwachsenen nichts vorschreiben (vgl. Z. 10–13).
Bull spielt Mundharmonika oder ahmt Tiere nach. Er springt herum wie ein Affe, hüpft wie

ein Känguru und ahmt einen Stier mit gesenkten Hörnern nach. Therese hat noch nie so gelacht (Z. 44–47). Mit Bull ist alles anders, leichter, fröhlicher. (Z. 50–51). Er ist älter als sie. (Z. 1)

3 Z. 14–42; Therese und Bull werden Freunde.
Z. 43–50; Therese fragt sich, woher Bull die Sonnenblumenkerne hat.
Z. 51–83; Therese glaubt, dass Bull Brigittes Schal gestohlen hat, ist sich aber nicht sicher.
Z. 84–100; Bull hat Jochens Jacke gestohlen. Therese will ihn überzeugen, die Jacke zurückzugeben.
Z. 101–110 Therese geht zur Lehrerin und erzählt ihr, dass Bull die Kleidungsstücke gestohlen hat.

Willkommen im Camp

(Schülerband: Seite 100–115)

Seite 104

2 a) 1. Innenzelt ausbreiten; 2. Glasfiberstangen nacheinander durch Zeltkanal schieben; 3. Ende der Stangen in Schlaufenhülse stecken; 4. Innenzeltschlaufen mit Heringen am Boden befestigen; 5. Außenzelthülle über Innenzelt werfen; 6. Außenzeltschlaufen am Boden mit Heringen befestigen; 7. Abspannleinen an Außenzelt befestigen; 8. Abspannleinen zur Seite spannen und am Boden mit Heringen verankern

---

Seite 105

3 + **4** *möglicher Text:*

Ein Zelt aufbauen

Material: 1 Innenzelt, 1 Außenzelt, 2 Glasfiberstangen, 11 Heringe, 3 Abspannleinen, Gummihammer

Arbeitsschritte:

Zuerst rollt man das Innenzelt aus, sodass es möglichst flach auf dem Boden liegt, damit man beim Liegen keine Druckstellen bekommt. Danach schiebt man die Glasfiberstangen nacheinander durch den dafür vorgesehenen Zeltkanal. Nun steckt man das eine Ende der ersten Stange in die Schlaufenhülse, anschließend das andere Ende in die gegenüberliegende Schlaufenhülse. Nun biegt sich die Stange bereits durch. Mit der zweiten Stange geht man genauso vor. Wenn dieser Arbeitsschritt erledigt ist, steht das Innenzelt bereits. Jetzt muss man die vier Innenzeltschlaufen jeweils mit einem Hering am Boden befestigen. Dazu kann man mit dem Gummihammer die Heringe fest in den Boden schlagen. Als nächstes wirft man die Außenzelthülle über das Innenzelt und befestigt die vier Außenzeltschlaufen ebenfalls mit einem Hering fest am Boden. Damit das Zelt auch wirklich ganz fest steht, befestigt man zwei Abspannleinen an den vorderen oberen Außenzeltschlaufen. Die dritte Abspannleine knotet man hinten an die Außenzeltschlaufe. Zum Schluss verankert man die Leinen mit den übrigen Heringen fest am Boden. Die Leinen können abschließend noch einmal nachgespannt werden.

Beim Zeltaufbau sollte man sich unbedingt an die Anleitung halten und nicht einfach drauflosbauen. Sonst passen die einzelnen Teile möglicherweise nicht zusammen und das Zelt hat keinen festen Stand. Ganz wichtig ist vor allem der richtige Standort des Zeltes. Wenn der Boden sehr steinig ist, dann halten die Heringe nur sehr schwer. Auch benötigt man dann eine besondere Sorte Heringe.

Seite 107

3 a) *mögliche Zuordnung:* 1) ein Auge legen; 2) ein zweites Auge legen; 3) Mickey Maus mit zwei Ohren entsteht; ein Ohr ist hinten, ein Ohr ist vorn; 4) Ohren nach vorne zusammenklappen; 5) Ohren sind zusammengeklappt; Karabiner aufschrauben; 6) beide Ohren zusammendrücken und in HMS-Karabiner einhängen, Karabiner zuschrauben

4 b) + c) *möglicher Text:*
Einen Halbmastwurf-Sicherungsknoten legen
Material: ein Sicherungsseil, ein Karabiner
Arbeitsschritte: Zuerst legst du mit dem Seil ein Auge. Das eine Ende des Seils zeigt nach links, das andere nach rechts. Mit dem rechten Ende legst du ein weiteres Auge. Nun sieht dein Seil aus wie eine Mickey Maus mit zwei Ohren. Achte darauf, dass das eine Ohr hinten, das andere vorne liegt. Klappe nun beide Ohren nach vorne zusammen. Die Ohren richten sich nun auf. Nun schraubst du den Karabiner auf. Drücke beide Ohren des Seils vorsichtig zusammen und hänge sie in den Karabiner ein. Ganz wichtig ist, dass du anschließend den Karabiner gut zuschraubst, damit das Seil nicht herausrutschen kann.
Der HMS-Knoten, auch Halbmastwurf genannt, ist ganz wichtig, wenn du kletterst. Er sichert dich nämlich mit dem Karabiner zusammen. Der Karabiner ist der Gegenstand, der das Seil und den Haltegurt miteinander verbindet. Aber nicht nur beim Sportklettern ist der Knoten wichtig. Auch die Feuerwehr verwendet diese Art der Sicherung bei ihren Einsätzen.

Seite 108

2 *möglicher Text:*
Ein Floß bauen
Materialliste: 2 Reifenschläuche, ein großes Holzbrett, Bleistift, Bohrer, 2 kräftige Seile
Arbeitsschritte: Zuerst werden die beiden Reifenschläuche auf das Brett gelegt. Die Umrisse der Schläuche werden mit dem Bleistift nachgezeichnet. Anschließend werden die Schläuche vom Brett genommen und entlang der Umrisse werden einige Löcher in das Brett gebohrt. Nun legt man die Reifenschläuche wieder auf das Holzbrett. Die Schläuche werden festgebunden, indem die Seile durch die Löcher gezogen und zum Schluss kräftig verknotet werden. Dann wird das Ganze umgedreht und ist fahrtüchtig. Wer will, kann vorher noch das Brett so zurechtsägen, dass es den Umrissen der Schläuche entspricht.
So ein Floß kann man relativ leicht selber bauen. Man muss natürlich ein wenig handwerklich geschickt sein. Beim Bohren und Sägen muss man natürlich aufpassen. Ganz wichtig ist es, dass die Seile wirklich fest verknotet werden. Sonst kann es passieren, dass die Schläuche nicht halten und man, ohne es zu wollen, baden geht.

Seite 109

1 – 3 *möglicher Schülertext:*

Ein Notzelt bauen

Material: 2 Rettungsdecken, 5 Heringe, mehrere dicke Steine, ein stabiler Ast, ein Baum, eine Leine

Arbeitsschritte: Zuerst benötigt man einen entsprechenden Standort, um das Notzelt aufbauen zu können. Wenn der gefunden ist, legt man in der Nähe des Baumes eine der Rettungsdecken als Unterlage aus. Die Enden der Rettungsdecke werden nacheinander mit einem Hering am Boden befestigt. Als Nächstes bindet man die Leine, die das Zelt aufrichten soll, am Baumstamm fest. Anschließend richtet man einen stabilen Ast senkrecht an der Stelle auf, an der das Zelt endet, und rammt ihn fest in den Boden. Hilfreich ist dabei auch ein Hammer oder ein fester Stein. Die Zeltleine wird nun vom Baumstamm zu dem Ast gespannt, dort mehrfach umwickelt und schließlich mit einem Hering fest am Boden verankert. Danach nimmt man die zweite Rettungsdecke und legt sie so über die Leine, dass sie wie ein Zeltdach wirkt. Sollte die Leine nun etwas durchhängen, muss man sie noch mal nachspannen. Zum Schluss beschwert man mit einigen großen Steinen die Enden der Decke am Boden, damit das Zeltdach nicht wegweht.

Dieses Notzelt kann man immer dann gut gebrauchen, wenn man auf einer längeren Wanderung ist und nicht unbedingt eine komplette Campingausrüstung mitnehmen möchte. Besonders wichtig kann es werden, wenn man plötzlich von schlechtem Wetter überrascht wird und sich längere Zeit unterstellen muss. Falls man keinen geeigneten Baum findet, kann man das Notzelt auch mit langen Wanderstöcken, sogenannten Teleskopstöcken, aufbauen. Es ist dann nur nicht ganz so hoch.

Seite 110

1 a) 1) passenden Platz suchen; 2) Grube ausheben; 3) Feuerstelle mit Steinen begrenzen; 4) Holz sammeln; 5) anzünden; 6) zum Lodern bringen; 7) Feuerstelle löschen

2 b) (Ergänzte Verbindungswörter sind fett gedruckt.)

Arbeitsschritte:

Zuerst sucht man einen passenden Platz. Am besten steinige oder sandige Böden. **Anschließend** sollte man trockene Zweige und Laub wegkehren. **Als Nächstes** gräbt man mit dem Spaten eine passende Grube, die ungefähr 15 cm tief sein sollte. Der Boden in der Grube wird geschützt, indem man Steine darauflegt. **Jetzt** muss man auch die Feuerstelle durch Steine begrenzen, sonst kann das Feuer sich leicht ausbreiten. **Im Anschluss daran** muss man Holz sammeln. **Danach** muss man das Feuer anzünden. Dazu nimmt man am besten trockenes Gras, Holzspäne, Birkenrinde, Reisig oder Tannenzapfen. Mit einem Streichholz zündet man das Feuer an. Um das Feuer zum Lodern zu bringen, muss man Holz drauflegen. Vorsichtshalber muss man einen mit Wasser gefüllten Eimer in Reichweite stellen, um zu verhindern, dass sich das Feuer unkontrolliert ausbreitet. **Zum Schluss** wartet man ab, bis das Feuer erloschen ist. **Als Letztes** wirft man die Erde, die man ausgehoben hat, zur Sicherheit darüber.

Seite 111

1 + 2

der Hering	ein Zeltpflock, mit dem man das Zelt wie mit einem Nagel am Boden befestigt
die Plane	eine Hülle aus Zeltstoff oder Kunststoff, um damit etwas abzudecken oder um den Boden auszulegen
der Karabiner	ein Haken mit Verschluss
die Abspannleine	eine Leine, ein Seil, um etwas unter Spannung zu setzen, etwas abzuspannen, beispielsweise ein Zelt
der Kompass	ein Gerät, um sich nach den Himmelsrichtungen zu orientieren
der Orientierungslauf	Beim Orientierungslauf werden mit Hilfe von Karte und Kompass bestimmte Kontrollpunkte (Posten) im Gelände in möglichst kurzer Zeit angelaufen.
die Legende	die Zeichenerklärung auf Landkarten
der Maßstab	das Verhältnis zwischen der abgebildeten Größe (zum Beispiel Streckenlänge) und der entsprechenden Größe in der Wirklichkeit
der Guide/die Guides	Betreuer eines Camps oder Führer bei Wanderungen
das Walkie-Talkie	ein Funksprechgerät

Seite 115

1 A, F → im Rucksack; B → am Gürtel; C → am Tragegurt

2 Z. 22: Kleb dir die Füße ab! / Z. 55: Solltest dir auch einen Wanderstock suchen. / Z. 66: Am besten gar nicht anhalten! / Z. 69: Im Rhythmus bleiben!

3 *mögliche Textstellen:* Z. 77: Ich muss ganz schön keuchen. / Z. 82: Ich trotte hinterher.

4 A, D

5 F, C, D, B, E, A

Von den Mächten der Natur

(Schülerband: Seite 116 – 135)

Seite 116 /117

1 a) und b)
Bilder von links nach rechts: Schiff in Seenot – Brücke durch Sturm zerstört – Schiff strandet im Sturm – Überschwemmungen und Dammbruch durch starke Regenfälle

2 c) Text A = Bild 1 oder Bild 3; Text B = Bild 4; Text C = Bild 3; Text D = Bild 2

3 a) Orkanstürme im Herbst und Frühjahr, Überschwemmungen durch starke Regenfälle und/ oder Schneeschmelze
b) Viele Experten führen die größere Anzahl von schweren Unwettern auf die Erhöhung der durchschnittlichen Temperatur zurück (= Klimawandel).

Seite 118/119

1 a) Was?: Eisenbahnbrücke durch Sturm eingebrochen, vollbesetzter Zug aus Edinburgh stürzt in die Tiefe; Wann?: 28. Dezember 1879, 19:15-Uhr-Zug; Wo?: Dundee, Ostschottland, Mündung des Tay; Wie?: furchtbarer Sturm (Windstärke 11–12) zerstörte Brücke auf der Länge von einem Kilometer, Berechnungs- und Materialfehler wahrscheinliche Ursache; Welche Folgen?: 75 Tote, keine Überlebenden, Auffindung der Leichen war vergeblich

b) Durch einen besonders starken Sturm brach die Brücke über dem Tay ein. Dadurch stürzte der Zug mit sieben Wagen in die Tiefe.

3 a) Es gibt auf der Nordseite ein Brückenhaus.

b) In ihm wohnen der Brückenwart und seine Frau. Sie warten auf ihren Sohn Johnie, der mit dem Zug aus Edinburgh kommen soll.

Seite 120

4 a) In den Versen 1–16 verabreden die Windhexen ein Treffen um 7 Uhr am Mittelpfeiler der Brücke am Tay. Sie wollen die Brücke zerstören und den Zug, der um diese Zeit die Brücke überquert, mit in die Tiefe reißen.

In den Versen 57–68 vereinbaren die Windhexen ein weiteres Treffen im Moor. Sie freuen sich über ihre Zerstörungskraft, die sie an der Brücke am Tay gezeigt haben.

b) Die Hexen wirken höhnisch und spöttisch. Sie triumphieren über das Werk der Menschen, das sie in wenigen Stunden zerstörten.

6 a) Strophe 2 (Vers 17–24): Die Brücknersleute warten unruhig auf Johnie. Immer wieder blicken sie nach Süden, wo der Zug aus Edinburgh kommen muss. Sie haben wegen des Sturms Angst.
Strophe 3 (Vers 25–32): Sie sehen den Zug kommen und verscheuchen ihre Ängste. Sie malen sich aus, wie Johnie gleich hereinkommt, und sie die Lichter am Weihnachtsbaum anzünden.
Strophe 6 (Vers 49–56): Da das Wüten des Sturmes noch stärker wird, sehen die Brücknersleute in großer Sorge weiter aus dem Fenster. Sie sehen, wie der Zug plötzlich mit einem großen Feuerschein von der Brücke fällt und im Wasser versinkt.

Seite 122

1

		Zeitungsbericht	Ballade
1	… stellt ein außergewöhnliches Geschehen dar.	x	x
2	… lässt Figuren in Dialogen miteinander sprechen.		x
3	… erzählt spannend.		x
4	… berichtet sachlich.	x	
5	… verwendet Erzählmittel (z. B. sprachliche Bilder), um die Handlung auszuschmücken.		x
6	… hat einen großen Umfang.		x
7	… ist in Versen und Strophen abgefasst, die sich häufig reimen.		x

8	… informiert genau, indem er/sie z. B. den Ort und die Zeit des Geschehens nennt.	x	
9	… enthält am Ende einen Spannungshöhepunkt.		x
10	… hat einen geringen Umfang.	x	

2 a) Merkmale einer Ballade
1) Versen; 2) Strophen; 3) reimen; 4) außergewöhnliches Geschehen; 5) spannend; 6) Erzählmitteln; 7) Spannungshöhepunkt; 8) in Dialogen miteinander sprechen

---

Seite 124

4 Nis Randers: möchte einen Schiffbrüchigen retten; Nis Vater: bei einem Schiffbruch umgekommen; Nis' Mutter: Witwe, hat Angst ihren einzigen Sohn auch noch zu verlieren; Momme: Sohn von Nis' Mutter, ist bei einem Schiffsunglück ums Leben gekommen; Uwe: Sohn von Nis' Mutter, seit drei Jahren verschollen

5 b) *mögliche Gedanken der Mutter:*
Ich muss Nis zurückhalten. Wenn ich es nicht tue, dann verliere ich meinen einzigen mir noch verbliebenen Sohn. Ich habe meinen Mann und meine beiden Söhne schon wegen der stürmischen See verloren. Ich habe Angst, allein zu sein.
c) *mögliche Gedanken von Nis:*
Ich kann dich ja verstehen, Mutter. Schließlich hast du schon einige schlimme Erfahrungen gemacht und drei geliebte Menschen verloren. Ich weiß, dass du darunter sehr leidest. Aber ich muss dem armen Mann helfen. Auch er hat wohl eine Mutter, die sich um ihn sorgt.

Seite 125

8 Z. 34: Und Auge und Ohr ins Dunkel gespannt …

9 a) die hohen, stürmischen Wellen
b) Z. 25–30: mit feurigen Geißeln peitscht das Meer; Sie schnauben und schäumen; hechelnde Hast; Eins auf den Nacken des andern springt mit stampfenden Hufen

---

Seite 129

1 b) *möglicher Tagebucheintrag:*
Liebes Tagebuch,
heute war ich den ganzen Tag damit beschäftigt, den Garten wieder in Ordnung zu bringen. Nach der Flutkatastrophe befand sich ja alles in einem grauenvollen Zustand. Wenigstens meine schönen Rosen sind unbeschadet geblieben. Das war nämlich gar nicht so leicht sie aufzuziehen.
Vom Garten aus konnte ich beobachten, wie der Nachbar, der ein Stück weiter unten gewohnt hat, in den Trümmern seines Hauses wühlte. Seine Tochter war auch in der Nähe. Sie holte ihre kleine Katze von der Nachbarin ab. Die Armen! Dabei hatte ich sie damals

gewarnt, als sie so dumm waren und ihr Haus an der Ache bauten. „Ach was, der Alte spinnt doch!", werden sie wohl gedacht haben. Aber ich habe schon viel gesehen und erlebt in all den Jahren. Die Kräfte der Natur soll man nicht unterschätzen. Die Leute wollten die Gefahr nicht sehen. Sie dachten, es wäre spannend, in der Nähe einer solchen Naturgewalt zu leben.
Es ging ja auch lange gut. Die Kinder spielten ausgelassen im Garten direkt an der Ache. Ich dachte mir nur meinen Teil, wenn ich sie dort beobachtete. Einmal meinten die Kinder sogar: „Das Plätschern der Ache ist so schön beruhigend." Was für ein Leichtsinn war das! Wie oft war ich dort unten und habe versucht, mit den Eltern zu sprechen. Aber der Vater hat immer nur abgewinkt. Dabei trug er doch die Verantwortung für seine Familie!
Dann zeigte die Natur ihr anderes Gesicht. Ich bin sogar extra zu ihnen gelaufen, um sie zu warnen. Aber es hat nichts genutzt. Fast das ganze Haus haben die ungeheuren Fluten mit sich gerissen. Der kleine Junge und die Mutter sind dabei wohl ums Leben gekommen. Sie sind bis jetzt nicht gefunden worden. Traurig, traurig. Hätten sie doch bloß auf mich gehört.

Seite 130/131

1 *möglicher Tagebucheintrag:*
Liebes Tagebuch,
heute habe ich etwas Unheimliches erlebt. Mir stehen noch immer die Haare zu Berge. Aber am besten fange ich an, von vorne zu erzählen: Ich war wieder einmal unterwegs auf Heringsfang. Da kam ein mächtiger Sturm auf und meine Crew und ich konnten den Kurs kaum halten. Plötzlich tauchte wie aus dem Nichts ein Segelschiff auf. Es war gespenstisch: Weder auf dem Deck noch am Steuer war ein Mensch zu sehen. Dann passierte es: Das Schiff fuhr an mir und meiner Crew vorbei und es rief uns zu: „Schiff ahoi!" Dann fuhr es an uns vorbei und eine Stimme, die nicht nach einem Menschen klang, sagte mir, dass sie mich grüßen solle. Daraufhin verschwand das Boot im Nichts. Ich war völlig verwirrt. Aber ich wusste genau, was diese mysteriöse Botschaft zu bedeuten hatte. Mein Bruder Lars war tot und er hat es mir auf diesem Wege mitteilen wollen.
Als ich nach Hause kam, lief mir meine Schwägerin entgegen. Sie wusste schon von dem Tod ihres Mannes. Sie erzählte mir, dass sie Lars in ihrer Küche gesehen hat. Er soll nichts gesprochen haben, nur das Wasser sei ihm aus seinem Bart und seinem Haar geflossen und auf den Fußboden getropft, so meine Schwägerin. Danach ist er wieder verschwunden. Die ganze Geschichte ist doch sehr mysteriös. So etwas habe ich wirklich noch nie erlebt. Ich weiß auch nicht, was ich genau davon halten soll. Ich weiß aber, dass ich meinen Bruder sehr vermissen werde. Und es ist schön, dass er sich von seiner Familie verabschiedet hat, bevor er uns für immer verließ.

Seite 132

2 a) Metapher: Die bleiben Sieger in solchem Kampf. = Technik beherrscht / siegt über die Natur; eine dunkle Suppe = der braun gefärbte, fließende Strom;
Vergleich: als ob Feuer vom Himmel fiel = Bild für Katastrophe, für dämonische Gewalt; wie aus Kannen = heftiger Regen; wie ein Rudel Wölfe = laute Geräusche, Lärm; wirbelnd dreht sich wie ein Teller schon der Strom = die Wassermassen fließen kreisförmig, rund um das Haus;

Personifikation: wütender wurde der Winde Spiel = Wind wird immer stärker; der Sturm heult = Sturm ist laut; jagt zur Stube, stürzt zum Keller = Wasser fließt sehr schnell; fasst die Flut mich an den Beinen = das Wasser umspült die Person, reißt sie mit sich, treibt sie fort; hockt der Tod = Crew ist gestorben

---

Seite 133

2 a) + b)
R1: deine Seereise → Artikelprobe; R2: Wetter → Silbenprobe; R3: Leib → Verlängerungsprobe; R4: fürchterlich → Verlängerungsprobe; R5: die Nachricht → Artikelprobe; R6: dass → Ersatzprobe; R7: Weg → Verlängerungsprobe; R8: Unglücksstelle → Silbenprobe; R9: Sandbank → Ableitungsprobe oder Verlängerungsprobe; Z10: Mir war klar, dass → Haupt- und Nebensatz werden durch Komma getrennt; R11: armen → Adjektiv; R12: die Matrosen → Artikelprobe; R13: fasste → Silbenprobe; R14: weißt → Silbenprobe; R15: Jahren → Ableitungsprobe; R16: das Leben → Artikelprobe; R17: gefährden → Ableitungsprobe; R18: verstehen → Ableitungsprobe; Z19: Mensch, den sie noch hat → Relativsatz wird durch Komma vom Hauptsatz getrennt; R20: Schicksal → Silbenprobe; R21: vermissen → Silbenprobe; R22: stürmischen → Adjektiv; R23: die See → Artikelprobe; R24: umgekippt → Verlängerungsprobe; Z25: Als wir das Wrack erreichten, traute ich → Haupt- und Nebensatz werden durch Komma getrennt; R26: die Freude → Artikelprobe; R27: schloss → Verlängerungsprobe; R28: froh → Ableitungsprobe

---

Krabat – Vom Buch zum Film
(Schülerband: Seite 136–153)

Seite 141

1 c) Bild 1: S. 139, Z. 96–100; Bild 2: S. 139, Z. 111–114; Bild 3: S. 139, Z. 145–151

Seite 145

2 2, 3, 5, 9

3 a) bekannt: Meister, Krabat, neu: Lyschko, Tonda, Petar, Gevatter
b) z. B. der Tod, der Teufel

4 d) Meister: erwartungsvoll, grimmig, brutal; Tonda: skeptisch, nachdenklich, selbstbewusst; Krabat: unterwürfig, kindlich, neugierig; Gevatter: böse, gespenstisch
e) düster, dunkel, unheimlich, bedrohlich, ernst

1

Einstellungsgröße	Bilder
Totale	D, F
Nahaufnahme	G, H
Großaufnahme	A, B, C, E

Seite 147

2 a) Seite 146, Zeile 4–7, 19–21, 24–40, 49–61
b) Seite 147, Zeile 103–106, Zeile 120–127, Zeile 140–145

Seite 149

5 a) Dialoge; Handlung; die Orte der Handlung, z. B. sieht man im Film die Stiege, Kamerafahrt durch den Flur, Windgeräusche, Hahnenkrähen im Film

---

Seite 151

1 a) + b)
geheimnisvoll: Zeile 27–33, 43–44; vertraut: Zeile 50–119; liebevoll: Zeile 87–88

2 A: … indem er alle seine Gedanken dem Mädchen zuwendet und eine Zauberformel spricht.
B: … wenn sie in der Silvesternacht auf die Mühle kommt, ihn freibittet und eine Probe besteht.
C: … einen Ring aus Haar, den ein Freund zur Kantorka bringen wird, …

Seite 152

1 a) Siehe Zeile 1–6
b) Siehe Zeile 7–15

2 b) Siehe Zeile 12–15

3 a) + b)
Siehe Zeile 21–30

Seite 153

4 a) + b)
Siehe Zeile 14–18

5 *mögliche Erklärung:*
Er meint damit, dass die Figuren aus dem Buch erst zu lebendigen Menschen werden mussten, indem man sie mit all ihren Stärken und Schwächen zeigt, ihnen Bewegungen, Gesichtsaudrücke und einen Sprachmodus gibt, sie zu realen Menschen aus „Fleisch und Blut" macht.

6 *mögliche Antwort:*
Für Preußler ist an dem Krabatstoff die Verführung durch böse Mächte und die Befreiung daraus wichtig gewesen, da er selbst erlebt hat, dass der Krieg einen jungen Mensch faszinieren kann, er aber in der Realität nur Leid, Verletzung und Tod hervorruft. Kreuzpaintner

haben die technische Herausforderung, die Spannung des Romans und das Thema „Tod" gereizt.

Das Geheimnis des Erfolgs

(Schülerband: Seite 154–167)

Seite 154/155

1 a) Anni Friesinger, Eisschnellläuferin; Rainer Schüttler, Tennisspieler; Fabian Hambüchen, Kunstturner; Meredith Michaels-Beerbaum, Springreiterin; Philipp Lahm, Fußballspieler; Dirk Nowitzki, Basketballspieler

---

Seite 157

1 a) Körperbau: Texte B, C; Familie: Text E; Training: Text B; Erfolge: Texte A, C; Ernährung: Text C; Sportförderung: Text B; Sportmedizin: Texte D, B; Doping: Text C

Seite 165

2 a)

Verhalten beim Vortrag	
anwenden	**vermeiden**
laut und deutlich sprechen	so schnell wie möglich sprechen, um in kurzer Zeit alles sagen zu können
Blickkontakt zum Publikum halten	immer zur Tafel oder Präsentationsfläche sehen
frei sprechen	sich in Jugendsprache ausdrücken
ein kurzer Blick auf die Folie ist erlaubt	Folientexte ohne weitere Erklärungen ablesen
das Publikum ansprechen und Fragen stellen, um es einzubeziehen	die Hände in die Hosentasche stecken oder vor der Brust verschränken
am Projektor auf wichtige Stellen der Folie direkt zeigen	während die Zuhörer Folien lesen, über etwas anderes reden
am Schluss nachfragen, ob die Zuhörer noch Fragen haben	viele Fachausdrücke und kompliziert aufgebaute Sätze verwenden
	sich halb auf das Lehrerpult setzen

Seite 166

2 1) Ich halte den Blickkontakt mit dem Vortragenden. 2) Durch meine Körpersprache und meine Mimik drücke ich Interesse aus. 3) Meine Gedanken sind bei dem Thema des Referats. 4) Ich unterbreche den Vortrag nicht durch voreilige Fragen.

„Und noch zehn Minuten bis Buffalo“

(Schülerband: Seite 168–179)

Seite 170

1 Stimmung ist fröhlich und ausgelassen; Personen tragen altertümliche Kleidung mit langen Röcken, Hauben, Zylindern, langen Mänteln; sie essen und trinken, steuern, halten Ausschau, begutachten Gänse, sehen auf das Meer, sprechen und schäkern miteinander

2 a) Gemeinsamkeiten: Der Name des Schiffs („Schwalbe“), die schäumende Gischt, die fröhliche Stimmung der Passagiere;
Unterschiede: Im Bild wendet sich nur ein Passagier (Dame mit dem hellblauen Hut) dem Steuermann zu, in der Ballade wird der Steuermann von den Passagieren umringt.
b) Detroit liegt im Nordwesten des Eriesees; von dort fährt die Schwalbe (der Dampfer) los. Sie durchquert den Eriesee auf seiner ganzen Länge von Südwesten Richtung Nordosten, bis an die Küste der Stadt Buffalo, welche südlich der Niagarafälle liegt.

Seite 172

2 b) Name: Winona Smith; 14 Jahre alt; trägt eine Haube, Pelzstola und einen langen Rock; hat einen Korb dabei; besucht ihre Großeltern, weil ihre Großmutter krank ist; trifft einen Bekannten „Bill“, den sie mag; gut gelaunt, fröhlich, freut sich auf die Pilzsuche

---

Seite 174

1 Sie werden vom Ausbruch des Feuers überrascht.

2 a) Wörtliche Rede: Zeile 20 (Passagiere), 28 (Passagiere), 34–41 (Kapitän, Steuermann); Erzählerbericht: Rest

---

Seite 176

1 Die Ballade endet auf dem Friedhof mit dem Begräbnis von John Maynard, der bei dem Unglück als Einziger gestorben ist und so alle Passagiere gerettet hat.

Seite 177

1 Sie sind ihm dankbar und verehren ihn für seinen heldenhaften Einsatz.

Sprache betrachten

(Schülerband: Seite 180–219)

Seite 180/181

1 1) Subjekt; 2) Prädikat; 3) Präteritum; 4) Akkusativobjekt; 5) Demonstrativpronomen; 6) Genitiv; 7) Adverbiale Bestimmung der Zeit; 8) Adjektiv; 9) Präposition; 10) Konjunktion; 11) Adverb; 12) Subjekt; 13) Adverbiale Bestimmung des Ortes; 14) Personalpronomen; 15) Futur; 16) Adverb. Best. der Art und Weise

---

Seite 182

1 b)

Gr 1	Hinweis 1	Akkusativ	einen Anruf erhalten
Gr 2	Hinweis 2	Dativ	von Herrn Meier
Gr 3	Hinweis 3	Genitiv	Aussage des Anrufers
Gr 4	Hinweis 2	Akkusativ	über einen Schlüssel
Gr 5	Hinweis 3	Genitiv	Innenhof des Gebäudes
Gr 6	Hinweis 2	Dativ	bei Herrn Meier
Gr 7	Hinweis 2	Genitiv	aufgrund des Schneetreibens
Gr 8	Hinweis 2	Dativ	von dem Einbrecher/von den Einbrechern
Gr 9	Hinweis 3	Genitiv	Einnahmen des vergangenen Tages
Gr 10	Hinweis 3	Genitiv	Gesamthöhe des Schadens

Seite 183

1 Gr 1: an meinem neuen Computer; Gr 2: an diesem regnerischen Nachmittag; Gr 3: auf meinem alten Rechner; Gr 4: mit diesem stärkeren Gerät

2 1) einem; 2) bunten; 3) nächsten; 4) einem; 5) großen; 6) meinem; 7) neuen; 8) großem; 9) einem; 10) verpackten; 11) dem 12) neuen; 13) dem; 14) überraschten; 15) großem; 16) dem; 17) bunten

---

Seite 184

1 c) Kai und Aishe

Aishe und Nadja saßen zwei Reihen hinter Kai. Aishe war noch nicht lange in seiner Klasse, aber Kai meinte, sie schon lange zu kennen. Wann immer es möglich war, versuchte er, einen Blick von Aishe zu erhaschen. Aber das war gar nicht so einfach. Denn entweder war sie in ihr Buch vertieft oder Herr Hein ermahnte ihn zum xten Mal, sich auf das Buch zu konzentrieren. Außerdem nervte ihn sein Nachbar Özmir. Immer zog er Kais Atlas weg, in den sie gemeinsam schauen mussten.

2 a) Während Özmir und Kai aus der Klimakarte herauslesen mussten, wann es in Stockholm am wärmsten ist, machte sich Kai einen Plan. Er überlegte, dass er heute bei der Rückfahrt im Bus sich neben Aishe setzen wollte. Ihr Bus fuhr zwar in eine ganz andere Richtung,

aber darüber machte sich Kai keine Gedanken. Er hatte sich überlegt, <u>sie</u> am Nachmittag zu einem Eis einzuladen. Dazu reichte das Taschengeld von <u>ihm</u> (oder: sein Taschengeld) gerade noch aus. Bestimmt würde <u>sie</u> die Einladung von <u>ihm</u> (oder: <u>seine</u> Einladung) annehmen. Nach Schulschluss folgte Kai Aishe ganz unauffällig zur Bushaltestelle …

Seite 185

1 a) Der Junge denkt nach, wie die Vergangenheitsform von *er rennt* heißen muss.
b) er rannte

2 1) geschah; 2) trat; 3) erschrak; 4) dachte; 5) aufstand; 6) aufriss; 7) blies; 8) sah; 9) war gebrochen; 10) schossen; 11) trugen; 12.) stieg; 13) stieg; 14) floss; 15) ergoss; 16) schrien; 17) versank; 18) ertrank; 19) flohen; 20) lag; 21); ging 22) saß; 23) trank; 24) schwiegen; 25) kam; 26) sprach

---

Seite 186/187

1 a) <u>xxx</u> = Präsens + 3 **xxx** = Präteritum
Düsseldorf. Begeisterten Beifall **ernteten** die Schüler der Zirkus-Arbeitsgemeinschaft der Heinrich-Heine-Gesamtschule bei der Premiere am gestrigen Abend.
Zirkus <u>hat</u> an der Heinrich-Heine-Gesamtschule schon eine lange Tradition. Auch in diesem Jahr **konnten** die über 40 Schülerinnen und Schüler der Zirkus-Arbeitsgemeinschaft ihr Können einem begeisterten Publikum zeigen. Gleich zu Beginn **hielten** vier Trampolinspringer mit gekonnten Salti die Zuschauer in Atem. Anschließend **fuhren** die „Sechs XXL" auf ihren hohen Einrädern in die Manege und **verblüfften** durch ihre sichere Körperhaltung. Keine Angst **zeigten** vier Mädchen und zwei Jungen am Hochtrapez, die erstaunlich professionell auch die kompliziertesten Schwünge und Sprünge **meisterten**. Ein Zirkus <u>lebt</u> heute nicht nur von aufregender Artistik, sondern er <u>begeistert</u> auch durch ästhetische Einlagen. So **zeigte** die Gruppe „Zauberhaft" in einer Schwarzlicht-Show, wie Musik, Tanz, Akrobatik und perfektes Timing zu eindrucksvollen Effekten <u>führen</u>. Die Zuschauer **dankten** den Akteuren mit einem lang anhaltenden Beifall. In seiner Dankesrede **brachte** der Rektor der Schule den Eindruck der Zuschauer auf den Punkt: „Ihr habt gezeigt, dass Schule mehr <u>ist</u> als nur Pauken." Eine zweite Vorführung <u>findet</u> morgen Abend statt. Karten <u>gibt</u> es noch an der Abendkasse.

1 b) Das Präsens wird gebraucht, um etwas immer Wiederkehrendes, Allgemeingültiges zum Ausdruck zu bringen: hat, lebt, begeistert, führen, ist.
Das Präsens wird gebraucht, um etwas Zukünftiges auszudrücken: findet statt, gibt.
c) Ein zweite Vorführung wird morgen Abend stattfinden. Karten wird es noch an der Abendkasse geben.

2 a) habt gezeigt (Zeile 23)
b) Etwas Vergangenes wird in der mündlichen Sprache wiedergegeben.

4 Sarah: Am meisten habe ich ja über Kai gelacht, der den Charly Chaplin gespielt hat. Kora: Der hat aber ganz toll jongliert.
Sarah: Ja, aber dann ist er doch vor der Pause über seine großen Schuhe gestolpert. Erst hat er das Diabolo zu hoch geworfen. Als er versucht hat, sein Diabolo wieder einzufangen, ist er gestolpert.

Kora: Er ist fast auf den Bürgermeister in der ersten Reihe gefallen. Da hat er sich gerade noch gefangen.
Sarah: Der Bürgermeister hat sich erst ganz schön erschrocken. Dann hat er aber laut gelacht und Kai sein Diabolo gegeben.
Kora: Eigentlich ist das richtig lustig gewesen!

Seite 188

1 a) Nachdem „Die sechs XXL" ihre Übung abgeschlossen haben, jonglierst du mit deinem Diabolo vorne am Rand der Bühne.
b) Die Konjunktion „nachdem" sagt, dass zuerst etwas geschehen soll, bevor Kai mit dem Diabolo auftreten soll. Die Zeitform in dem Nebensatz ist Perfekt.
c) Du gehst aber erst nach vorne, wenn du von mir ein Zeichen bekommen hast.
Erst muss Kai ein Zeichen bekommen, dann geht er nach vorne.

2 a) Ich verhielt mich so, wie es die Lehrerin gesagt hatte. Nachdem ich von ihr ein Zeichen bekommen hatte, ging ich nach vorne auf die Bühne. Als ich am Bühnenrand angekommen war, brachte ich mein Diabolo mit dem Seil in Fahrt.
b) Die Vorzeitigkeit (= das, was zuerst passiert ist) wird in der Vergangenheit durch das Plusquamperfekt ausgedrückt; das was danach passiert ist, wird im Präteritum ausgedrückt.

3 1. Als das Diabolo richtig in Fahrt gekommen war, schleuderte ich es in die Höhe.
2. Leider schoss es zu hoch, da mich ein Scheinwerfer geblendet hatte.
3. Nachdem es mir nicht mehr gelungen war, das Diabolo wieder zu fangen, fiel dieses direkt vor die Füße des Bürgermeisters.
4. Weil ich mich so erschrocken hatte, stolperte ich über meine Füße und fiel auf den Boden.
5. Als der Bürgermeister sich von seinem Schreck erholt hatte, lachte er und sagte zu mir: „Es ist noch kein Meister vom Himmel gefallen."

Seite 189

1 a) In welchen Sätzen wird hervorgehoben, wer etwas tut? Bildunterschrift A und B
In welchen Sätzen wird betont, was mit etwas oder jemandem geschieht? C und D

2 a) Die Nistkästen werden gebaut. Der Krötenzaun wird aufgestellt.
b) Die Nistkästen werden von Herrn Nitsch und Pia gebaut. Der Krötenzaun wird von uns aufgestellt.

Seite 190

3 a) 1) Der Dorfbach wird jedes Jahr von unserer NAJU-Gruppe gereinigt. 2) Aus dem Bach wird viel Müll gezogen. 3) Im Frühling wird der Bach von uns gesäubert. 4) An bestimmten Stellen werden Pflanzen und Sträucher von Nico und mir entfernt. 5) Der Bach wird dort unnötig gestaut. 6) Zum Abschluss wird von unseren Eltern eine Putz-Fete organisiert. 7) Diese Aktion wird durch einen Zeitungsredakteur in einem Bericht festgehalten.

4 c) 1) Ein ganzer Anhänger mit Müll wurde letztes Jahr von uns beladen. (Präteritum)
2) Ein altes Fahrrad ist von mir aus dem Schlamm gezogen worden. (Perfekt)
3) Ein alter Koffer mit Kleidern wurde von meinem Freund entdeckt. (Präteritum)
4) Ein großer Kanister mit Ölresten war von Esther und Belinda gefunden worden. (Plusquamperfekt)
5) Daraufhin wurde von uns die Feuerwehr gerufen. (Präteritum)
6) Der gefährliche Müll wurde von der Feuerwehr beseitigt. (Präteritum)
7) Unser Einsatz wird auch dieses Jahr vom Bürgermeister gelobt werden. (Futur I)
8) Eintrittskarten für das Schwimmbad werden uns von ihm überreicht werden. (Futur I)

Seite 191

2 + 3 a) *möglicher Text:*
Die beiden Mädchen sitzen auf einer steinernen Treppe. Claudia hat glatte, blonde Haare, die straff nach hinten gekämmt sind. Sie trägt einen Scheitel. Ein paar Haarsträhnen fallen ihr lustig über das rechte Auge. Die Gesichtsform ist länglich. Claudia lächelt freundlich, daher kann man ihre weißen Zähne deutlich sehen. Ihre Haut ist glatt und gebräunt. Das sieht man nicht nur im Gesicht, sondern auch an den Armen, die sie auf den Knien aufstützt, wobei ihr rechter Unterarm zur linken Schulter führt. Sie trägt ein modisches, dunkelgrünes Top und sitzt auf einem weißen Pullover mit blauen Streifen, den sie sich um den Bauch gebunden hat. Sie hat lässige, blaue Jeans an mit umgeschlagenen Hosenbeinen und trägt weiße Socken und weiße Turnschuhe mit je zwei blauen Streifen rechts und links von den Schnürbändern.
Lucia hat schwarze, gelockte Haare, die ihr frech ins Gesicht fallen. Die Gesichtsform ist runder als die von Claudia. Während Claudia in die Kamera schaut, sind die dunklen Augen von Lucia etwas nach links gerichtet, als würde sie etwas hinter dem Fotografen sehen. Der Kopf steht daher etwas schräg. Auch Lucia lächelt, wenngleich ihr Mund kaum geöffnet ist. Sie hat eine dunklere Haut als Claudia. Auch Lucia trägt ein sommerliches Top, das aber weiß ist mit roten Punkten. In der linken Hand hält sie ein schwarzes Täschchen und über der Armbeuge befindet sich ein lila Pullover. Auch Lucia trägt blaue Jeans, die aber etwas dunkler sind. Im Unterschied zu Claudia hat Lucia das rechte Bein gestreckt und nur das linke Bein ist angewinkelt. Sie hat sportliche, weiße Mokassinschuhe an. Beide Mädchen machen einen sympathischen Eindruck. Sie sind entspannt und fröhlich.

3 b) **Adjektive, die sich auf Nomen beziehen:** steinernen Treppe, blonde Haare, weiße Zähne; **Adjektive, die sich auf Verben beziehen:** fallen lustig, lächelt freundlich, deutlich sehen; **Adjektive, die mit *sein* stehen:** ist länglich, ist glatt, ist gebräunt, ist runder, ist weiß, sind dunkler; **gesteigerte Adjektive:** runder, dunklere

---

Seite 192

4 1) pünktlich gelandet; 2) heftig geschaukelt; 3) schlecht geworden; 4) herzlich begrüßt, 5) gut verstanden; 6) kleiner als ich; 7) sind schwarz; 8) lockig; 9) brauner; 10) gut verstehen; 11) schnell spricht; 12) geht am besten; 13) spanisch zu reden; 14) gemeinsam gehen; 15) coolsten Sachen; 16) süßen Hund; 17) ist jung; 18) läuft tollpatschig; 19) habe euch lieb

---

Seite 193

1 a) Zeile 3–4: Er meldete einen Einbruch in der Kunstgalerie, der erfolgt sein musste. Zeile 8–9: Herr Engelmann war. Zeile 9–11: Es waren 23 z. T. große Gegenstände, die ein einzelner hätte alleine wegschaffen können.
b) Durch die Adverbien werden genauere Angaben gemacht und die Sätze werden aufeinander bezogen.
d) Wann?: nachts, währenddessen, schon, sofort, niemals; Wo?: dort; Warum?: deshalb, umständehalber, daher, sicherheitshalber; Wie?: schnellstens, ebenfalls
e) Wann? = Adverb der Zeit; Wo? = Adverb des Ortes; Warum? = Adverb des Grundes; Wie? = Adverb der Art und Weise

---

Seite 194

2 b) *möglicher Lösung:*
1) gestern; 2) nachts; 3) oben; 4) eilends; 5) treppauf; 6) dort; 7) gerade; 8) Vergebens; 9) sicherheitshalber; 10) Da; 11) links; 12) dann; 13) darauf; 14) Deshalb; 16) sogleich

---

Seite 195

1 a) + b)
Mike ist ein langsamer Läufer. (slow bezieht sich auf das Nomen)
Er läuft langsam. (slow bezieht sich auf das Verb)

2 a) A-Spalte: Nomen; B-Spalte: Verb.
b) Die Schülerin hätte schreiben müssen: He runs slowly.
Wenn im Deutschen ein Adjektiv ein Verb näher erläutert, verändert es sich nicht.
Wenn im Englischen ein Adjektiv ein Verb näher erläutert, wird das Adjektiv durch das Anhängen der Endung -ly zum Adverb.

3 a) Satz D ist falsch. Es muss heißen: Don't drive dangerously with your bike.

Seite 196

1 b) Da „hoffentlich" nicht Begleiter eines Nomens werden kann (das hoffentliche Ereignis = nicht möglich), handelt es sich um ein Adverb.

2 a) dann = Adverb; hässlich = Adjektiv; ängstlich = Adjektiv; beinahe = Adverb; mutig = Adjektiv; laut = Adjektiv; da = Adverb; morgens = Adverb; ruhig = Adjektiv; damit = Adverb; schließlich = Adverb; vielleicht = Adverb; jetzt = Adverb; anschließend = Adjektiv; sogleich = Adverb

---

Seite 197

1 a) Z. 1/2: aus **dem** zweiten Teil; Z. 10: Für **den** toten Tonda; Z. 13: mit ihm; Z. 16: Aus **diesem** Grund; Z. 18: Ohne **seinen** Freund

2 Z. 11: zum Altgesellen; Z. 15: Am übernächsten Tag; Z. 17: ums Leben

---

Seite 198

3 1) In der Mühle; 2) in die Mühle; 3) Auf dem Tisch; 4) auf den Meister; 5) dem linken Auge; 6) an einer Kette; 7) ihm; 8) ihn; 9) an die Tür; 10) die Schwelle; 11) den erschrockenen Krabat und die Tür

4 a) 1) Während der nächsten Tage; 2) trotz des Todes; 3) Wegen der Ungeduld; 4) aufgrund ihrer Abhängigkeit; 5) außerhalb der Mühle; 6) Binnen weniger Tage; 7) des toten Tondas; 8) infolge des Todes von Tonda

---

Seite 199

1 c) Die Konjunktion *dass* lässt sich nicht sinnvoll einsetzen.

2 1) und; 2) denn; 3) aber; 4) und; 5) obwohl; 6) als; 7) und; 8) Je… desto; 9) Nachdem; 10) weil; 11) indem

---

Seite 200

1 *mögliche Satzreihen:*

1) Am Bahnhof findest du die Haltestelle für den Bus in Richtung Plettenberg, daher kannst du dich dort über die Abfahrtszeiten informieren.
2) Sage dem Busfahrer vorher Bescheid, <u>denn</u> die Haltestelle für unser Camp benutzen nur wenige Fahrgäste.
3) Er wird dich dann an einer Kreuzung aussteigen lassen, <u>aber</u> das Camp ist jetzt nicht mehr weit.
4) Du kannst den breiten Fahrweg nehmen <u>oder</u> du gehst den schattigen Pfad durch den Wald.
5) Die Straße und der Pfad sind gut beschildert, <u>deshalb</u> kannst du dich nicht verlaufen.
6) Das Campbüro schließt um 18.00 Uhr, <u>darum</u> musst du rechtzeitig ankommen.
7) Es scheint nicht immer die Sonne, <u>trotzdem</u> solltest du ein Sonnenschutzmittel mitnehmen.
8) Bring gute Laune mit, <u>aber</u> lass deinen MP3-Player zu Hause.
9) Nimm nicht so viel mit, <u>denn</u> du musst das Gepäck alleine tragen.
10) Nimm nicht so viel Taschengeld mit, <u>dann</u> machst du keinen Mitbewohner neidisch.

Seite 201

1 a) + b)

mögliche Lösung:

1) Sobald du im Camp angekommen bist, meldest du dich bei der Campleitung.
2) Sie zeigt dir deinen Zeltplatz, weil viele Plätze schon reserviert sind.
3) Nachdem du dich ein wenig erfrischt hast, kannst du dein Zelt aufbauen.
4) Orientiere dich an dem Übersichtsplan, damit du dich schnell im Camp zurechtfindest.
5) Du wirst sehen, dass es auf dem Gelände mehrere Waschräume und Toiletten gibt.
6) Du siehst das Versorgungsgebäude, wenn du an den See kommst.
7) Wirf die Abfälle in die vorgesehenen Behälter, damit das Camp sauber bleibt.
8) Obwohl es eigentlich selbstverständlich ist, möchten wir darauf hinweisen, dass der Müll auch bei uns getrennt wird.
9) Da wir hier mitten im Wald sind, ist das Feuermachen verboten.
10) Wir hoffen, dass es dir bei uns gefällt.

Seite 202

1 a) + b)

xxx = Relativsatz, **xxx** = Bezugswörter

(1) **Unser Camp**, das in einem wunderschönen Naturschutzgebiet liegt, ermöglicht zahlreiche Unternehmungen. (2) Nicht weit von hier liegt **der Biggesee**, welcher im Sommer das Baden im natürlichen Wasser ermöglicht. (3) Für Wanderer bietet sich die Besteigung **der umliegenden Berge an**, von denen man einen großartigen Ausblick auf das Sauerland hat. (4) **Urlauber**, die gerne im Dunkeln forschen, finden ein großes Angebot von erschlossenen Höhlen. (5) Aber auch für **Radfahrer**, die einen Berg nicht scheuen, eröffnen sich viele Möglichkeiten.

2 1) Auch von Bären fand man Knochen, die ein vollständiges Skelett ergaben. 2) In der Höhle gibt es auch Tropfsteingebilde, die fantastisch aussehen. 3) Man findet auch zahlreiche Versteinerungen, auf denen man Pflanzen und Muscheln erkennen kann. 4) Oberhalb der Heinrichshöhle befindet sich das Felsenmeer, das rund 700 Meter lang und 200 Meter breit ist. 5) Das Felsenmeer ist eine einzigartige bizarre Felsenlandschaft, die man auf eigene Gefahr besichtigen kann.

Seite 203

1 b) 1) Bis ins 4. Jahrhundert nach Christus; 2) in Griechenland; 3) keine olympischen Spiele; 4) die alte Stadt Olympia mit den Kultstätten; 5) die olympische Idee; 6) mit flammenden Worten; 7) Die Jugend der Welt; 8) in Athen; 9) Coubertin

2 a)+ b)

Subjekt (Wer oder was?): olympische Wettkämpfe; die alte Stadt Olympia mit den Kultstätten; die Jugend der Welt; die ersten olympischen Spiele der Neuzeit

Prädikat: forderte

Dativobjekt (Wem?): Coubertin

Akkusativobjekt (Wen oder was?): keine olympischen Spiele; die olympische Idee; die Wiedereinführung der olympischen Spiele

adv. Bestimmung der Zeit (Wann? Wie lange?): bis ins 4. Jahrhundert nach Christus
adv. Bestimmung des Ortes (Wo? Wohin?): in Griechenland; in Athen
adv. Bestimmung des Grundes (Warum?): aus Dankbarkeit
adv. Bestimmung der Art und Weise (Wie? Auf welche Weise?): mit flammenden Worten; in sportlichen Wettkämpfen

---

Seite 204

1 b) Umstellprobe: Chancenlos / ließ / beim ersten Marathonlauf von 1896 / der griechische Schafhirte und Soldat bei der griechischen Armee Spiridon Louis / seine Konkurrenten aus seinem Heimatland und aus vier anderen Ländern / zurück.
c) Subjekt – Prädikat (1. Teil) – Adverbiale Bestimmung der Zeit – Akkusativobjekt – Adverbiale Bestimmung der Art und Weise – Prädikat (2. Teil)
d) Bei der Umstellprobe bleibt seine *Konkurrenten aus seinem Heimatland und aus vier anderen Ländern* immer zusammen. Es ist daher ein Satzglied.
e) Spiridon Louis ließ beim Marathonlauf 1896 seine Konkurrenten chancenlos zurück.

2 a) Auf den letzten Metern begleitete Kronprinz Konstantin den Sieger.
b) Die langen Sätze enthalten mehr Informationen, sind aber schwieriger zu lesen und nur schwer zu verstehen.

3 a) Während des anstrengenden und kräftezehrenden Laufes soll der in Hochform laufende Spiridon Louis von völlig begeisterten Zuschauern ein Glas landesüblichen Wein zu trinken bekommen haben.

Seite 205

1 a) das Bummeln … ausreicht; macht eine Reihe von Feriencamps / machen eine Reihe von Feriencamps; es wird dir … eine Reihe von interessanten Veranstaltungen angeboten / es werden dir eine Reihe von interessanten Veranstaltungen angeboten; das ist eine ganz neue Erfahrung / das sind ganz neue Erfahrungen; beliebt sind der Discoabend … und die wöchentliche Castingshow; Ich und auch Conny … haben … verbracht; Eine Menge Gleichaltrige tummelt sich …, die … kommt / Eine Menge Gleichaltrige tummeln sich …, die … kommen; … werden … Buffets angeboten; Die Welt … ist bunter

---

Seite 206

1 a) + b)

Prädikat + Genitivobjekt	Prädikat + Dativobjekt	Prädikat + Akkusativobjekt	Prädikat + Dativobjekt + Akkusativobjekt
verdächtigen	entkommen winken	erringen beginnen entmutigen hören trinken	reichen

Seite 207

2 a) xxx = Akkusativobjekt; **xxx** = Dativobjekt; *xxx* = Genitivobjekt
Nach 33 Kilometern gaben die drei ausländischen Läufer das Rennen auf. Der Australier Flack erlitt sogar einen Schwächeanfall. Als ein griechischer Oberst den Läufer Spiridon Louis an der Spitze sah, gab er **seinem Pferd** die Sporen und ritt in das Stadion zur königlichen Loge. Er berichtete **dem überglücklichen Kronprinzen Konstantin** den zu erwartenden Sieg. Ein Pistolenschuss kündigte das Nahen des Siegers an. Als Spiridon Louis in das Stadion lief, jubelten die Zuschauer **ihrem Landsmann** begeistert zu. Kronprinz Konstantin erwies **dem Schafhirten** eine große Ehre und begleitete ihn auf den letzten hundert Metern bis zum Ziel. Für seinen Sieg bekam Spiridon Louis eine kleine Pension. Sein Dorf schenkte **ihm** einen Acker.
Dem dritten griechischen Sieger wurde die Medaille aberkannt. Man wies **ihm** einen Regelverstoß nach: Er hatte sich unterwegs *eines Lastwagens* bemächtigt und war damit einen Teil der Strecke gefahren.
Spiridon Louis lief 1896 die Strecke von 40 Kilometern in zwei Stunden, 58 Minuten und 50 Sekunden. Der Kenianer Samuel Wanjiru, Sieger des Marathonlaufes bei der Olympiade 2008, schaffte die Strecke von 42 Kilometern in zwei Stunden, sechs Minuten und 32 Sekunden. Er hat allerdings auch unterwegs keinen Wein getrunken.

b) Verb + Genitivobjekt: sich bemächtigen; Verb + Dativobjekt: zujubeln, aberkennen; Verb + Akkusativobjekt: aufgeben, erleiden, sehen, ankündigen, begleiten, bekommen, fahren, laufen, schaffen, trinken; Verb + Dativobjekt + Akkusativobjekt: geben, berichten, erweisen, schenken, nachweisen

---

Seite 208

1 b) 1. Während der Olympiade träumen viele Sportler **von** einem Sieg. 2. Keiner verzichtet **auf** eine Teilnahme bei diesem Wettbewerb. 3. Die Sportler fürchten sich **vor** der Niederlage. 4. Alle Medien berichten **über** diese Wettkämpfe. 5. Die Zuschauer freuen sich **auf** die spannenden Wettkämpfe.

2 a) +b)
xxx = Verb, das ein präpositionales Objekt nach sich zieht; *xxx* = präpositionale Objekte
Marathonlauf 1904
1904 fand die Olympiade in St. Louis in Amerika statt. Auch der Marathonläufer Félix Carbajal aus Kuba *hoffte* *auf einen Sieg*. Allerdings *interessierte* er sich auch *für das Würfelspiel*. In New Orleans *überredeten* ihn Mitreisende *zu einem Glücksspiel*. Er verlor sein ganzes Geld. Verzweifelt *suchte* er *nach einer Mitfahrgelegenheit*. Per Anhalter fuhr er schließlich weiter. Da er auch seine Sportkleidung versetzt hatte, trug er am Start schwere Schuhe, lange Hosen und ein langärmeliges Hemd. Nun *zweifelte* er *an seinem Sieg*, denn seine Kleidung war bei 33 Grad Hitze völlig ungeeignet. Da schnitt er kurz entschlossen die Hosenbeine und Hemdsärmel ab. Während des Laufs *litt* er *unter Durst und Hunger*. Daher unterbrach er seinen Lauf und aß grüne Äpfel aus einem Garten. Die Zuschauer *wunderten sich* *über ihn*, als er plötzlich an Magenkrämpfen litt. Trotzdem wurde Félix Carbajal Vierter.

Seite 209

1 b) Manchmal (1. Wann?) musst du dir in einem Abenteuercamp (2. Wo?) aus Ästen oder Zweigen (3. Wie?) einen Wetterschutz bauen. Das ist vor allem bei starkem Regen oder Wind (4. Wann?) notwendig. Dazu suchst du dir im Wald (5. Wo?) mehrere Äste mit Astgabeln. Sie eignen sich hervorragend (6. Wie?) zur gegenseitigen Befestigung der Hölzer (7. Wozu?).

2 a) und b)

adv. Bestimmung der Zeit	zunächst; bei schlechtem Wetter
adv. Bestimmung des Ortes	in die Erde, auf die beiden Trageäste, an der Spitze, am Boden; auf die schräg gestellten Stützäste, darauf
adv. Bestimmung der Art und Weise	mit aller Kraft, senkrecht, geschickt, vorsichtig, nach außen; waagrecht, auf diese Weise, wirksam
adv. Bestimmung des Grundes	zur Stabilisierung deiner Konstruktion, für einen besseren Halt

---

Seite 211

1 a) Die Satzstellung im Nebensatz ist grammatikalisch falsch: Die flektierte Verbform steht immer am Ende des Nebensatzes.

b), c), d) **xxx** = Konjunktion; xxx = Nebensatz

Lieber Kai,
in deinem Brief schreibst du, **dass** dich deine Freunde am letzten Wochenende zum Komasaufen aufgefordert haben. Du hast mitgemacht, **weil** du in deiner Clique kein Außenseiter sein wolltest. Du meinst, **weil** auch die Erwachsenen mal einen über den Durst trinken, hätten die Jugendlichen auch das Recht dazu. Wir finden jedoch, **dass** man beim Wettsaufen nicht mitmachen sollte.
Ihr fordert euch gegenseitig zum Wetttrinken heraus, **weil** manchmal das Treffen mit Freunden langweilig ist. Dann ist die Gefahr groß, **dass** ihr solange trinkt, bis einer aufgibt oder auf die Toilette muss, um sich zu übergeben. Wer noch stehen kann, ist „King“, **weil** er am meisten trinken kann. Aber ist das denn eine tolle Leistung? Wir finden: nein! Vielleicht hast du noch nicht gehört, **dass** für Jugendliche das Trinken von „scharfen Sachen“ wie Schnaps oder Wodka sehr gefährlich ist. **Da** ein Rausch Millionen von Gehirnzellen zerstört, kommt es zu Gedächtnis- und Konzentrationsstörungen.
Außerdem beeinflusst Alkohol die Steuerzentren des Gehirns. Oft werden Menschen aggressiv und gewalttätig, **weil** sie sich unter Alkohol nicht mehr unter Kontrolle haben. Sie können dann großen Schaden anrichten und machen sich und andere unglücklich.
Es ist immer ein Problem, **wenn** Freunde zu gefährlichen Wettspielen auffordern, **weil** man ja weiterhin anerkannt sein will. Trotzdem solltest du dir genau überlegen, wo du Grenzen setzt: Es geht ja um deine Gesundheit.

Seite 212/213

1 + 2 *mögliche Verbesserungen:*

Bekleidungshaus Gut & Günstig
Bochumer Allee 45
45130 Essen

Bitte um Spende

Sehr geehrter Herr Peters,

Sie kennen uns sicher aus der Presse: Wir sind eine sehr erfolgreiche Voltigiergruppe und haben gerade in der letzten Zeit viele Preise gewonnen. Da wir in drei Monaten ein Turnier ausrichten wollen, möchten wir Sie um Unterstützung bitten.
Ein solches Turnier ist aufwendig: Rund 15 Voltigiergruppen haben sich angemeldet. Für diese Gruppen und ihre Pferde muss für Unterkunft und Verpflegung gesorgt werden, das ist schon ziemlich teuer. Außerdem brauchen wir Preise für die Sieger, Leckerlis (z. B. Karotten) für die Pferde und Schleifen für alle Teilnehmer. Natürlich soll auch unsere Reithalle schön aussehen, und daher benötigen wir bunte Fahnen und Tücher zum Behängen der Tribüne.
Leider sind auch unsere Turnieranzüge nicht mehr modern. Da neben der sportlichen Leistung auch das Aussehen eine Rolle spielt, brauchen wir dringend für unsere Gruppe neue Anzüge. Könnten Sie uns dabei behilflich sein?
Wir werden ein kleines Programmheft herausgeben, in dem die Spender genannt werden. Außerdem werden besonders großzügige Sponsoren wieder auf einem großen Plakat bekannt gegeben.
Wir würden uns freuen, wenn Sie uns auch dieses Jahr wieder unterstützen könnten.

Tanja Berger für die Voltigiergruppe

Seite 214

1 b) *möglicher Text:*

Der Superstar Michael Phelps

Ich will euch jetzt von einem Sportler berichten, der auf der letzten Olympiade *herausragend* war: der Schwimmer Michael Phelps. Der Mann hat wirklich einen *einzigartigen* Körperbau, der ganz *hervorragend* für das Schwimmen geeignet ist. Aber damit alleine kann man nicht gewinnen. Hinzu kommt, dass er sich immer *sehr gut* auf einen Wettkampf einstellt. Er hat auch eine *exzellente* Schwimmtechnik, und zwar in mehreren Schwimmdisziplinen. Auch sein Siegeswille ist wirklich *bemerkenswert*. Dazu kommt, dass er sich nach einem Wettkampf *außergewöhnlich* schnell erholt, sonst hätte er nicht acht Goldmedaillen gewinnen können, davon drei mit der Staffel. Pro Woche schwimmt er 80 Kilometer, dadurch ist er natürlich *ausgezeichnet* trainiert. Er hat einen *tollen* Rückhalt durch seine Familie: Seine Mutter und seine beiden Schwestern waren bei den Wettkämpfen dabei. Um mich nicht zu wiederholen, will ich zum Abschluss nur sagen: Michael Phelps war wirklich spitze!

Seite 215

1 *möglicher Text:*
Inhaltszusammenfassung von dem ersten Kapitel aus „Krabat“
Nach Neujahr spaziert Krabat mit zwei Freunden nach Hoyerswerda. Sie schlafen auf einem Heuboden, wo Krabat im Traum eine Stimme hört, die ihn auffordert, nach Schwarzkollm zu wandern. Als er auch in der nächsten Nacht den gleichen Traum hat, reist er nach Schwarzkollm. Obwohl ihn ein alter Mann warnt, dorthin zu gehen, läuft er weiter. Er schleicht vorsichtig durch einen dunklen Wald und kommt auf eine Lichtung. Da sieht er die unheimliche Mühle. Er fasst allen Mut zusammen und marschiert zur Mühle. Auf sein Klopfen rührt sich nichts. Da betritt er den Hausflur. Am Ende eines dunklen Ganges sieht er einen Schimmer. Auf Zehenspitzen tippelt er dorthin. Durch die Ritze einer Tür sieht er einen Mann. Im nächsten Moment steht dieser Mann hinter ihm und fragt ihn, ob er bei ihm Lehrling werden will.

Seite 217

2 a) 1) Da könnte ich aus der Haut fahren. 2) … ich saß schon auf glühenden Kohlen. 3) „Hast du keine Augen im Kopf?“ 4) „Willst du mich auf den Arm nehmen?“ 5) Ich saß da, als hätte ich ein Brett vorm Kopf. 6) Mir fielen die Augen aus dem Kopf. 7) … da verlor ich den Kopf. 8) Gott sei Dank fiel mir Ali in den Arm…

Richtig schreiben
(Schülerband: Seite 220–245)

Seite 220

2

Fehlerarten	Beispiel	Anzahl
b, d, g im Auslaut	ungeduldig (R 8)	1
Schreibung von *ä/äu*	–	0
Doppelkonsonanten (*ll, mm, …, ck, tz*)	Zimmer (R 4), kannten (R 6), Esszimmer (R 11), Speiseplan (R 12), Frühstück (R 16)	5
s-Schreibung (*s, ss, ß*)	Klasse (R 1), vergaßen (R 9)	2
Getrennt- und Zusammenschreibung	–	0
Großschreibung	am Freitag (R 2), eine Führung (R 3), (die) Karten (R 5), der alten Leute (R 7), dem Würfeln (R 10), Pizza essen (R 14), am liebsten (R 15), im Altenheim (R 17)	8
Lernwörter, Fremdwörter	Roulade (R 13)	1
Wörter mit Dehnungszeichen (*h, ie*)	–	0
weitere Fehler	–	0

Seite 224

1 b) Reparatur, Voraussetzung, Aufführung, bisschen, werden, endlich, Trampolin, menschliche, Pyramide, Publikum;
Besonderheit: Ogur → ist ein Eigenname, daher kein Fehler; siehe TIPP 3
c) wünderschoner, Kusntstüke, Spargaht, Abblaus

2 a) Schweinwerfer = Scheinwerfer; letzen = letzten; Abreiten = Arbeiten; aufgereckt = aufgeregt; zum ersten Mahl = zum ersten Mal; der = den; Abschuss = Abschluss
b) Die Fehler werden deshalb nicht als Fehler erkannt, weil die Wörter dem Programm richtig geschrieben erscheinen. Schwein + Werfer oder Ab + reiten allein sind richtig geschrieben, also „denkt" das Programm, dass die Zusammenschreibung korrekt ist. Andere Wörter, wie Mahl und Abschuss, passen inhaltlich nicht in den Zusammenhang.

Seite 225

1 Medikamente, Training, unfair, hervorrufen, Stimulanzien, Narkotika, Beta-Blocker, Hormonen, Anabolika

2 Kajak – Comeback – Cricket – Kickboard – Chlorwasser – Champion

3 a) + b)
Qualifikation – Trainer – System – Trikot – Volleyball

Seite 226/227

1 Der Witz besteht darin, dass der Druide Miraculix den übermäßigen Gebrauch von (lateinischen) Fremdwörtern kritisiert und dann selbst lateinische Wörter statt der einheimischen verwendet.

2 b) Bei den lateinischen Wörtern besteht die Schwierigkeit darin, dass die langen (Medizin) oder kurzen (Doktor) Vokale nicht gekennzeichnet sind. Bei den griechischen Wörtern besteht die Schwierigkeit darin, dass in den Wörtern übliche und ungewohnte Buchstaben zu finden sind, wie ph (statt f), y (statt ü), rh (statt r), th (statt t). Bei den englischen und französischen Wörtern besteht die Schwierigkeit darin, dass sie anders geschrieben als gesprochen werden und unübliche Buchstabenfolgen enthalten.

3 a) + b)
<u>Senkrecht:</u> Blackout = englisch; Camembert = französisch; Computer = englisch; Dynamo = griechisch; Grizzly = englisch; Jeep = englisch; Jet = englisch; Kandidat = lateinisch; Laptop = englisch; raffiniert = französisch
<u>Waagerecht:</u> Apotheke = griechisch; Bahncard = deutsch-englisches Kompositum; Champignon = französisch; Chemie = arabisch; Clique = französisch; Hockey = englisch; Medizin = lateinisch; Philosophie = griechisch; Theater = griechisch; Typ = griechisch

---

Seite 228

1 sitzenbleiben; schreiben lernen; hängenlassen

2 Der Nagel ist in der Wand stecken geblieben. Der Junge ist beim Vortrag steckengeblieben. Der Junge ist stehen geblieben. Die Uhr ist um drei Uhr stehengeblieben.

Seite 229

1 a) + b)
tatkräftig unterstützen (Regel 1), richtig machen (Regel 1), glatthobeln (Regel 3), kleinschneiden (Regel 3), festnageln (Regel 3), kaputtmachen (Regel 3)
c) Die Verbindungen hinter denen „(Regel 3)“ notiert wurde, können zusammen- als auch getrennt geschrieben werden.

2 krankschreiben; gesund werden; frei sprechen; ruhig üben; richtigstellen

---

Seite 230

1 Inliner fahren; Eis essen

2 zum Eishockeyspielen, (zum) Eislaufen, Skateboard fahren, Fußball spielen, Eis essen, teilgenommen, ins Schleudern geraten, Not leiden, Folge geleistet, standhalten, Tee trinken, Schlange stehen

---

Seite 231

3 a) Angst haben, Gitarre spielen, Not leiden, Rad fahren, Schritt halten, Wasser trinken

4 a) Wort halten, Widerstand leisten, Zustimmung finden, Handel treiben, Schuld geben, Zeitung lesen

5 a) Bei dem jeweils zweiten Satz fällt auf, dass die Wörter „eis“ und „kopf“ kleingeschrieben werden. Diese Wörter gehen mit einem Verb eine solche Verbindung ein, dass eine neue Gesamtbedeutung entsteht.

Seite 232

1 1) Tom Kölle war der einzige Täter, es gibt außer ihm keine weiteren Mittäter.
2) Tom Kölle kann nicht beobachtet worden sein, wenn es keine Tatzeugen gibt.

2 b)

Namen	Nomen mit besonderem Wortbaustein (-heit, -nis …)	Nomen ohne Erkennungs- wort	Nomen mit Erkennungswort
Tom Kölle, Gantersbach, Bornstedt, die Varnholmstraße, einen Opel Rekord 1700	Mittäterschaft, Beschreibung, Richtung	Fahndung, Kreis, Beschreibung, Diebesgut, Kragen	30 Jahre, wegen (des) Verdachts, der Mittäterschaft, bei einem Autodiebstahl, ein Mann, in der Nacht, zum 2. Oktober, mit einem Fahrrad, das Rad, an einen Baum, die Tür, nach Kurzschließen, der Zündung, bei dem Fahrrad, zum Zeitpunkt, der Tat, einen hellen Mantel, mit dunklen Ärmelaufschlägen, eine Mütze, aus Fell, mit einer, wahrscheinlich beigen, langen Hose, mit blauweißen Sportschuhen, dem Diebstahl, keine Tatzeugen, mit dem gestohlenen Fahrzeug

---

Seite 233

1 Etwas Interessantes und Spannendes (Regel 2); etwas Anstrengendes (2); alles Schwierige (2); viel Aufregendes (2); etwas ganz Besonderes (2)

2 1) Bei der Jugendfeuerwehr sollen die Großen den Kleinen helfen. 2) Die jungen Feuerwehrleute lernen bei den Übungen, sich auf Unvorhergesehenes einzustellen und schnell zu reagieren. 3) Auch wenn etwas Überraschendes bei einer Übung passiert, versuchen die Feuerwehrleute, einen kühlen Kopf zu bewahren. 4) Bei richtigen Einsätzen dürfen die Jugendlichen aber noch nicht teilnehmen. 5) Einige sind deswegen enttäuscht und traurig, denn sie möchten zeigen, wie gut und sicher sie mit dem Feuerwehrschlauch umgehen können. 6) Dass bei den Einsätzen auch etwas Schreckliches passieren kann, bedenken nur wenige junge Feuerwehrmänner.

Seite 234

4 1) Für die Feuerwehrübung hoffe ich auf das Beste (Regel 1). 2) Für die Feuerwehrübung habe ich mich am besten (Regel 3) vorbereitet. 3) Manchmal glaube ich, die Feuerwehr ist das Wichtigste (Regel 1) in deinem Leben. 4) Manchmal glaube ich, du nimmst die Feuerwehr am wichtigsten (Regel 3). 5) Am schlimmsten (Regel 3) ist für die Feuerwehrleute, wenn sie auf ihren Einsatz warten müssen. 6) Bei einem Einsatz sind die Feuerwehrleute auf das Schlimmste (Regel 1) vorbereitet.

5 *xxx* = Bezugswörter
Wir haben die weißen *Feuerwehrhelme*, der rote gehört dem Gruppenleiter.
Der weiße ist mein *Feuerwehrhelm*.
Das ist die schwierigste und anstrengendste *Übung* der gesamten Prüfung.
Den ersten *Hindernislauf* schaffte ich noch locker, den dritten nicht mehr.
Zwei Feuerwehrmänner klettern über ein Hindernis. Der große schafft es ohne Mühe, aber der kleine ist noch schneller.

6 im Entferntesten; das Beste; das Gute; ins Kleinste

Seite 235

1 a) + b)
xxx = Erkennungswort
nach längerem Diskutieren; suchen; erklären; das tägliche Senden und Empfangen; das Chatten; das Erstellen

2 a) vor allem; Stunde
b) das Suchen; das Scrollen; Downloaden; das Spielen; das Hochladen
c) Da Verben normalerweise kleingeschrieben werden, erkennt das Rechtschreibprogramm die kleingeschriebenen nominalisierten Verben nicht als Fehler.

Seite 236

1 Herr Meier kommt als Täter in Frage, weil er das Hallenbad um 8.30 Uhr verlässt. Er hat also für die Tatzeit kein Alibi. (siehe Bild)

2 am Mittwochmorgen (Regel 1); mittwochs (Regel 2); am frühen Morgen (Regel 1); halb acht (Regel 4); um neun Uhr (Regel 4); gegen elf (Regel 4); am späten Vormittag (Regel 1); um Viertel vor zwölf (Regel 4); gestern Mittag (Regel 3)

3 *mögliche Lösungen:* heute Morgen, gestern Vormittag, übermorgen Mittag, vorgestern Nachmittag, heute Abend

---

Seite 237

1 Computergewicht
In einem Computer steckt ganz schön viel drin und dran. Zum Beispiel Hardware, wie die Festplatte, die Grafikkarte, das DVD-Laufwerk oder der Bildschirm. Das Ganze wiegt natürlich auch einiges. Baut ihr einen CD-Brenner ein oder schließt einen Drucker an, kommt Gewicht hinzu. Aber in eurem Computer ist außerdem noch jede Menge Software. Das sind Programme, mit denen ihr zum Beispiel ins Internet gehen könnt, Fotos bearbeitet oder einen Brief schreibt. Ob diese Software auch etwas wiegt? Schließlich handelt es sich bei Software um Programme. Und die kann man ja nicht anfassen und wiegen. Texte, Fotos und Programme sind Daten, und Daten wiegen doch nichts, oder?

2 Baut ihr eine neue Festplatte in den Computer ein, ist sie noch unformatiert. Das heißt, alle Bits sind kreuz und quer verteilt, und es herrscht ein großes Gezerre. Die Magnetkräfte sorgen für ein ständiges Gerangel und gegenseitiges Abstoßen und Anziehen. Aber sie können sich nicht bewegen, weil sie festsitzen. Das Drücken, Zerren und allgemeine Chaos ist ziemlich anstrengend. Es verbraucht viel Energie. Und damit kommen wir zum Gewicht:
Albert Einstein – einer der größten Physiker der Geschichte, der von 1879 bis 1955 lebte – hat nämlich herausgefunden, dass Energie ein Gewicht hat! Speichert ihr das erste Mal etwas auf eine neue Festplatte, wird diese dadurch formatiert. Das heißt nichts anderes,

als dass Ordnung in das Durcheinander gebracht wird. Jetzt zeigt ein großer Teil der Bits in die gleiche Richtung. Dadurch müssen die Bits nicht mehr so viel drücken und ziehen. Und dadurch brauchen sie auch weniger Energie. Und wie Einstein sagt: Weniger Energie heißt weniger Gewicht. Tatsächlich wird also ein Computer durch die ersten gespeicherten Daten leichter! Bloß, keine Waage der Welt kann so kleine Energien wiegen.

Seite 238

1 Das Besondere an dem Buch ist, dass von ihm eine geheimnisvolle Faszination ausgeht, obwohl es nur leere Seiten enthält.

2 [Ich stelle euch das Buch „Endymion Spring" von Matthew Skelton vor.] [Der Untertitel lautet „Die Macht des geheimnisvollen Buches".] [Was ist das für ein merkwürdiges Buch?] [Das ist der erste Satz.] [Es geht um einen Blake.] [Er hat das Buch in der Hand] und [blättert es Seite um Seite durch.] [Doch er kann den Anfang der Geschichte nicht finden.] [Es gibt nämlich keine Wörter in dem Buch.] [Er sieht nur leere Seiten.] [Blake ist enttäuscht und gleichzeitig fasziniert von dem Buch.] [Er sucht nach etwas Geheimnisvollem.] [Aber wonach sucht er eigentlich?] [Wie würde er merken, wenn er es gefunden hätte?] [Blake ist ein ganz normaler Junge] und [er kann nicht mal besonders gut lesen], [doch er will forschen] und [sich in die Suche vertiefen.] [Denn er will möglicherweise einem Geheimnis auf die Spur kommen.] [Könnte es vielleicht im Papier verschlüsselt sein?] [Aber wie kann man ein Buch mit leeren Seiten lesen?] [Er klappt das Buch zu] und [er stellt es zunächst ins Regal zurück …]

Seite 239

1 [Beim Sport kommst du automatisch ins Schwitzen.] [Du schützt dich so vor Überhitzung,] [denn durch die Verdunstung des Schweißes wird dein Körper abgekühlt.] [Du verlierst dabei Wasser und wichtige Mineralstoffe.] [Sowohl Wasser als auch Mineralstoffe musst du wieder ersetzen.] [Dazu trinkst du am besten eine Apfelsaftschorle] oder [du nimmst eine andere Mischung aus Mineralwasser und Fruchtsäften zu dir.] [Durch das Mineralwasser bekommst du vor allem Natriumchlorid und Calcium und durch die Fruchtsäfte Kalium und Magnesium.]

2 [Das beste Sportlergetränk ist die Apfelschorle,] [denn sie ist günstiger als andere Sportgetränke] und [sie schmeckt vielen am besten.] [Bereits während des Sports solltest du trinken.] [Du solltest ungefähr alle 15–20 Minuten 100–200 ml Flüssigkeit zu dir nehmen,] [sonst wird deine Leistung schlechter] und [es können noch weitere Folgen auftreten.] [Dazu gehören natürlich Durst, Appetitlosigkeit und Übelkeit,] [aber du kannst auch Schwindel und Kopfschmerzen bekommen.]

Seite 240

2 A: Wenn du mit einem Freund Streit hattest, solltest du darüber sprechen.
B: Da Freundschaften nicht von allein laufen, muss jeder etwas dafür tun.
C: Eine gute Freundschaft kann nur dann bestehen bleiben und wachsen, wenn jeder der Freunde sie pflegt und hegt.

D: Wenn dir was an eurer Freundschaft nicht passt, sprich es sofort an!
E: Sag es, bevor sich deine Wut anstaut.

2 Deine Freundin oder dein Freund muss nicht alles an dir toll finden. Falls er oder sie dich einmal kritisiert, ist das absolut kein Grund zum Schmollen. Obwohl du vielleicht eine andere Reaktion erwartet hast, sollte dir die ehrliche Meinung deines Freundes wichtiger als eine geheuchelte sein. Auch Streit gehört zu einer guten Freundschaft dazu. Schlecht ist nur, wenn man sich nach dem Streit nicht versöhnt. Weil jeder mal einen schlechten Tag hat, sollte man nicht gleich die beleidigte Leberwurst spielen.

Seite 241

1 „John Maynard“ ist eine Ballade, die Theodor Fontane geschrieben hat. Im Mittelpunkt der Ballade steht der Steuermann John Maynard, der sein Leben für die Passagiere des brennenden Dampfschiffs geopfert hat. Das Dampfschiff, das auf den Namen *Schwalbe* getauft wurde, fährt über den Eriesee, der in Nordamerika liegt …

2 Die Reise geht von Detroit nach Buffalo, das man schon im Dämmerlicht sieht. Die Passagiere, die alle gut gelaunt sind, gehen über das Deck. Der Steuermann, der von den Passagieren nach der Fahrtdauer befragt wird, sagt, dass in einer halben Stunde Buffalo erreicht wird. Doch dann ist Qualm, der aus der Kajüte steigt, zu sehen. Das Feuer, das sich auf dem Schiff ausbreitet, kann nicht gelöscht werden.

3 1) Das Schiff, das in Brand geraten ist, droht zu sinken. 2) Die Passagiere, die um ihr Leben fürchten, drängen an den Bug des Schiffes. 3) Der Kapitän, der nach dem Steuermann Ausschau hält, fragt John Maynard, wie lange die Fahrt noch dauert. 4) John, der im Qualm steht, hält im Feuer aus und steuert die Schwalbe an den Strand. 5) Die Passagiere, die nun gerettet sind, verlassen schnell das brennende Schiff.

Seite 242

1 Michael Kaschel hat „Gruber ist doof“ an die Tafel geschrieben. Er kannte die Kreidefarbe, obwohl die beschriebene Tafelseite nicht zu sehen war.

2 Die vier, die sich jetzt vor der Tafel versammelt haben, bemühen sich um möglichst harmlos aussehende Gesichter. „Auf der anderen Seite der Tafel steht eine Unverschämtheit. Wer hat das geschrieben?“, donnert es ihnen entgegen, und erschrocken ziehen die vier ihre Köpfe ein. „Du, Günter?“ Günter Fink schüttelt lebhaft den Kopf. „Ich nicht, Herr Studienrat“, versichert er mit einem treuherzigen Augenaufschlag. „Oder vielleicht der Alois?“ „Ich weiß von nichts, Herr Studienrat“, beteuert auch Alois Weißpfennig und bekommt dabei knallrote Ohren. Michael Kaschel versucht es ganz besonders schlau anzufangen: „Vielleicht ist heute Nacht einer eingebrochen, Herr Studienrat. Und als er die schöne rote Kreide sah, da …“ „Was Dümmeres fällt dir wohl nicht ein, was?“ „Ich mein‘ ja nur …“, murmelt Alois. „Und wie steht es mit dir, Lothar?“ Lothar Übel grabscht nach seiner Nase und sagt wenig überzeugend: „Ich bin unschuldig, Herr Studienrat. Ich weiß ja auch gar nicht, was auf der Tafel steht.“ Studienrat Gruber schüttelt das Haupt: „Du weißt nicht, was auf der Tafel steht? Und der liebe Günter weiß das auch nicht?“ „Nein, Herr Studienrat, ich habe keine Ahnung!“ „Michael … Alois … ihr wisst auch nicht, was auf der anderen Seite der Tafel geschrieben steht?“ „Nein, Herr Studienrat!“, trompeten die beiden wie auf Kommando. Gruber […] erklärt mit leiser, freundlicher Stimme: „Gut, dann werde ich mich eben an denjenigen halten, von dem ich genau weiß, dass er lügt. Und ihr … ihr könnt jetzt auf den Schulhof gehen!“

Seite 243

3 b) Robin sagte zu Michael: „Ich möchte auch gern zur Clique gehören.“ Michael antwortete ihm: „Dazu musst du erst eine Mutprobe bestehen.“ Doch Robin ist sich unsicher, er meinte: „Ich will erst wissen, worin die Mutprobe besteht.“ Angela sagte: „Schreibe in der Pause ‚GRUBER IST DOOF.’ an die Tafel.“ Robin sagte dann zu Angela: „Das ist keine Mutprobe.“ Michael und Angela überlegten und sagten: „Wir überlegen uns etwas anderes.“ Dann behauptete Michael: „Ich habe eine Idee, was Robin machen kann.“

Seite 244

2 Olga behauptet, dass Lisa zu wenig Taschengeld bekommt.
Mareike fragt, wie viel Geld ihr denn ihre Eltern geben.
Olga antwortet, dass Lisa nur 8 Euro im Monat bekommt und dass das ganz schön wenig ist.
Mareike vermutet, dass Lisas Eltern ihr wahrscheinlich nicht mehr geben können.
Olga meint, dass Lisa vielleicht keine guten Argumente hat.

3 a) *möglicher Antwortbrief:*
Liebe Lisa,
leider musste ich feststellen, dass es kein Recht auf Taschengeld gibt. Dennoch ist aber den meisten Eltern klar, dass Kinder Taschengeld bekommen sollten und auch Geld für sich brauchen. Du solltest deinen Eltern verdeutlichen, dass du dein Taschengeld nicht verschwenden wirst. Sage ihnen, wofür du das Geld benötigst. Wohl alle Eltern wünschen sich, dass Kinder lernen mit Geld umzugehen. Es ist zwar immer zu befürchten, dass du weniger Geld bekommst, als du erhoffst. Aber ich habe die Hoffnung, dass du mit deinen Eltern einen Kompromiss schließen kannst.

Seite 245

4 Liebe Lisa,
leider mussten wir feststellen, dass es kein Recht auf Taschengeld gibt. Denn ein Gesetz, das ein Recht auf Taschengeld vorsieht, wurde noch nicht erlassen. Dennoch sehen die meisten Eltern ein, dass ihre Kinder Taschengeld bekommen sollten. Wenn du meinst, dass 8 Euro im Monat zu wenig sind, musst du mit deinen Eltern verhandeln.
Dabei ist es wichtig, dass du den richtigen Zeitpunkt auswählst. Dass du dich gut auf die Taschengeldverhandlung vorbereitest, ist außerdem entscheidend. Dazu gehört, dass du genau überlegst, wie viel Taschengeld für dich wohl angemessen ist. Übertreibe nicht mit deinen Forderungen. Das ist wichtig. Ich habe sonst die Befürchtung, dass deine Eltern dich nicht ernst nehmen. Außerdem solltest du dir vorher wenigstens zwei bis drei gute Gründe für deine Taschengelderhöhung überlegen. Aber die Gründe sollten so sein, dass deine Eltern sie auch akzeptieren können. Einen größeren Erfolg hast du übrigens, wenn du immer mal wieder eine

kleinere Erhöhung verhandelst. Die Jugendämter schlagen vor, dass 12–13-Jährige 18–20 Euro und 14–15 Jährige 23–25 Euro monatlich erhalten sollen. 10 Euro sind also wirklich nicht so viel. Viel Erfolg bei den Verhandlungen wünscht dir im Namen der Redaktion
Dein Marek

5 1) Ich befürchte, dass es noch viele Diskussionen über das Thema Taschengeld gibt.
2) Ich befürchte, das gibt noch viele Diskussionen über das Thema Taschengeld.
3) Lisa redet mit Mareike über ihr Taschengeld, das nicht ausreicht.
4) Ich hoffe, das Taschengeld reicht bei Lisa bald aus.
5) Ich hoffe, dass dein Taschengeld ausreicht.

Methoden und Arbeitstechniken

(Schülerband: Seite 254–265)

Seite 258/259

3 a) Bereich mit den meisten Helfern: Sport, Freizeit und Geselligkeit; Bereich mit den wenigsten Helfern: Politik, Engagement für ältere Bürger
c) *möglicher Text:*
Das Säulendiagramm informiert über das ehrenamtliche Engagement von unter 30-Jährigen in Deutschland. Die Daten stammen von der Prognos AG und beziehen sich auf das Jahr 2008.
Fast die Hälfte der ehrenamtlichen Helfer unter 30 Jahren engagiert sich im Bereich „Sport, Freizeit und Gesellschaft". In der Politik betätigen sich gerade mal 6 Prozent aller Befragten. Etwa ein Drittel der ehrenamtlichen Helfer engagiert sich im Kinder- und Jugendbereich. Das ist ungefähr doppelt so viel wie im Bereich „Kirche und Religion". Kaum Unterschiede gibt es zwischen den Bereichen „Gesundheit und Pflege" und „Kultur, Musik und Bildung". Überraschend finde ich, dass sich nur wenige Helfer (7 Prozent) für den Umwelt- und Tierschutz einsetzen.

4 *möglicher Text:*
Das Kreisdiagramm informiert über das Engagement für Tiere und Natur in der siebten Jahrgangsstufe. Die Daten stammen von der Lessing-Realschule in Essen und beziehen sich auf das Jahr 2009.
Am häufigsten (28 Prozent) wurde von den Schülern die Naturschutzorganisation WWF (World Wide Fund for Nature) genannt. Fast ein Viertel der befragten Schüler würde sich gern im Deutschen Tierschutzbund engagieren. Rund ein Zehntel der Befragten gaben an, sich gerne für den Nabu engagieren zu wollen. Der BUND sowie der Bund gegen Missbrauch der Tiere wurden in der Umfrage mit jeweils sieben Prozent gleich häufig genannt. Kaum Unterschiede gibt es bei den Organisationen Pro Animals, Pro Wildlife und Rettet den Regenwald. Alle drei wurden von den Schülern der siebten Jahrgangsstufe nur mit 4 bis 6 Prozent erwähnt.

Seite 262/263

2 a) Seite 52: Brücke, Büffel; Seite 53: Bug, Bürge; Seite 54: Bürger, CDU; Seite 55: Cello, Chirurg

b) schick
c) Betonte Silbe ist unterstrichen; Betonungszeichen: Strich, Punkt
d) in der eckigen Klammer nach der Herkunftsangabe
e) Cham-pi-gnon, Cham-pig-non; Trennungsmöglichkeit wird durch senkrechten Strich gekennzeichnet
f) Artikel: der; Genitiv: des Caravans; Plural: die Caravans
g) Imperativ: büß(e)!; Präteritum: er büßte; Partizip II: hat gebüßt
h) bunt, bunter, am buntesten
i) Person, die für jemanden oder etwas die Garantie übernimmt
j) durch die Stadt bummeln, bei der Arbeit bummeln, der Zug bummelt
k) Bundesliga, Bundesrat, Bundesregierung, Bundesrepublik, Bundesstraße, Bundestag, Bundeswehr, Bündnis, verbünden; Bündel, Schlüsselbund, bündig, bündeln
l) Kleinschreibung: die chinesische Sprache; Großschreibung: das Chinesisch (Sprache), die Chinesische Mauer
m) BUND: Bund für Umwelt und Naturschutz Deutschland
n) C: römisches Zahlzeichen für 100; Buchstabe; Tonbezeichnung; Celsius

---

Seite 264

1 Corinna: Warum bist du eben denn so eilig hinausgelaufen?
Ole: Ich soll morgen ein Referat über die Ernährung von Tennisspielern halten. Aber ich weiß nicht, was ich machen soll. Ich habe gestern mit der Arbeit angefangen und bin immer noch nicht fertig.
Corinna: Oh weh, das klingt nach Problemen. Ich helfe dir gern, aus dieser unangenehmen Situation zu entkommen. Kannst du uns helfen, Ilias?

2 a) Kalorie: Maßeinheit für den Energiewert von Lebensmitteln; Vitamin: von Pflanzen produzierter Stoff, der im menschlichen Körper zur Steuerung bestimmter Vorgänge benötigt wird; Mineralien, Mineral: Gestein, Bestandteil der Erdkruste; Spurenelement: für den menschlichen Körper wichtiges, aber nur in geringen Mengen benötigtes Element; Match: Wettkampf, Wettspiel; Kalium: chemisches Element, Metall; Calcium: chemisches Element, Metall; Magnesium: chemisches Element, Metall